MYSTIK IM ALLTAG

**Band I
Jeder Augenblick ist Liebe**

Sr. Teresa Chomieniec MSC

MYSTIK IM ALLTAG

Band 1
Jeder Augenblick ist Liebe

Herausgeber:
Missionarinnen vom Kostbarne Blut e.V.
München 2006

Orginaltitel:
Każda chwila to miłość
Rozmowy z moim Panem (Seite 11-106)

Imprimatur:
Kuria Metropolitalna Częstochowa
Ks. Stanisław Nowak
Arcybiskup Metropolita Częstochowski
L.dz 435/98

ISBN: 3-938564-10-5

© **Missionarinnen vom Kostbaren Blut e.V.**

D - 80469 München; Wittelsbacherstr. 2
Kontoverbindung: Liga-Bank München;
BLZ 750 903 00   Konto-Nr.: 23 24 121
IBAN: D23 7509 0300 0000 0232 4121
BIC: GENODEF1M05

Vom Herausgeber:

Wir sind davon überzeugt, dass die hier vorliegenden Aufzeichnungen die Erfahrung einer besonderen Gnade sind, die nicht nur für eine einzige Person, sondern für viele andere Menschen unserer Tage von Gott geschenkt wurde. Es ist nicht die Aufgabe und auch nicht die Absicht des Herausgebers, ein Urteil abzugeben über den besonderen Charakter dieser - wie uns scheint – spezifischen Gabe des Heiligen Geistes (Charisma). Das ist den kompetenten Verantwortlichen der Kirche vorbehalten, wenn die Zeit dazu gekommen ist.

Die einzige Absicht der Veröffentlichung ist die Weitergabe dieser Glaubenszeugnisse an all jene, die sich dafür öffnen wollen. *Man zündet auch nicht ein Licht an und stülpt ein Gefäß darüber, sondern man stellt es auf den Leuchter; dann leuchtet es allen im Haus. (Mt 5,15)*

Wir raten davon ab, zu viel von diesen Texten auf einmal zu lesen (Ein Stückchen Schokolade schmeckt und tut gut – eine ganze Tafel auf einmal hineingeschlungen kann böse Folgen haben ...!).

Wer sich diesen Zeugnissen mit Neugierde nähert, wird die Tiefe des Inhaltes, ihre Einfachheit und zarte Schönheit nicht erfassen. *Ich preise dich, Vater, Herr des Himmels und der Erde, weil du all das den Weisen und Klugen verborgen, den Unmündigen aber offenbart hast. Ja, Vater, so hat es dir gefallen! (Mt 11,25)*

Gewisse Aussagen in diesen Notizen wiederholen sich oft, wenn auch mit anderen Worten. Diese Wiederholungen sind aber eine wichtige Übung in der „Schule der Liebe und des Vertrauens". Es geht ja nicht so sehr um neues Wissen, sondern vor allem um die Stärkung des L e b e n s a u s d e m G l a u b e n, also um Mystik im Alltag.

Winfried Wermter

Zeugnis der Autorin

Vor einiger Zeit nahmen meine Gedanken und Gebete die Form eines Dialoges an. Ich hatte den Eindruck, Jesus gibt mir im Herzen Antworten auf meine Fragen, Bitten und Überlegungen. Ich wusste am Anfang noch nicht (und bin mir auch jetzt noch nicht immer sicher), worum es genau geht. Höre ich wirklich etwas? Spielt sich das alles vielleicht doch nur in meiner Vorstellung ab? Es scheint mir, dass ich kurze, klare Worte höre, die nicht von mir kommen.

Mein Geistlicher Begleiter trug mir auf, Notizen zu machen. Nachdem er die ersten Aufzeichnungen von meinen „Gesprächen" gelesen hatte, wünschte er, dass ich weiter schreibe. Vor kurzem sagte er, diese Notizen könnten auch anderen helfen und schlug vor, sie zu veröffentlichen. Anfangs zögerte ich mit der Einwilligung, aber ich sehe ein, dass man Gottes Gaben nicht für sich allein behalten darf. Wenn also meine Verantwortlichen im Orden davon überzeugt sind, dass diese Notizen auch für andere nützlich sein können, dann will ich nicht nein sagen, sondern Werkzeug in den Händen Gottes sein. Darum gab ich diese Notizen weiter.

Zuerst wollte ich anonym bleiben, denn ich befürchtete, dass es mich innerlich blockieren könnte, wenn jemand Fremder wissen würde, von wem diese Notizen stammen. Aber jetzt verstehe ich, dass auch diese Vorsichtsmaßnahme Gottes Pläne behindern könnte. Ich selbst bin doch gar nicht so wichtig! Es kommt doch vor allem darauf an, diese Erfahrungen aus dem Glauben weiterzugeben. Um wirklich die Anonymität zu wahren, wären auch zahlreiche Änderungen im Text notwendig geworden. Das hätte aber wiederum die Echtheit der Gespräche beeinträchtigt und zusätzlich wohl auch noch viel überflüssige und ungesunde Neugierde geweckt.

Darum bekenne ich mich offen zu diesen Aufzeichnungen. Ich möchte Zeugnis von der Liebe Gottes geben, der unendlich groß ist - auch in den kleinsten Dingen! Es „lohnt sich", ihm grenzenlos zu vertrauen und in allem zu lieben.

Sr. Teresa MSC

Schenke mir dein Vertrauen

24.01.97

Mein Geistlicher Begleiter trug mir auf, die Worte, die ich ab und zu beim Gebet in meinem Herzen höre, aufzuschreiben. Ich fürchtete mich. Ob ich imstande bin, das wirklich aufzuschreiben? Erkenne ich wirklich und unterscheide ich genügend die Stimme Jesu von anderen eigenen Gedanken? Deshalb sprach ich mit Jesus darüber.

Fürchte dich nicht.

Am Abend in der Kapelle:

Hab keine Angst, schenke dich mir ganz, übergib mir deine Gedanken, dein Herz.

In der Nacht, in der Kapelle kehrten meine Zweifel zurück.

Schau auf mich, liebe mich, verlange nach mir.

Ich blickte auf das Haupt Jesu mit der Dornenkrone und auf das zermarterte Gesicht, das dennoch voller Liebe war.

Willst du mir ähnlich sein?

25.01.97

Am Morgen schenkte ich Jesus jeden Augenblick des neuen Tages. Als ich meine Brille putzte, fragte ich ihn, ob ich ihm auch diese Kleinigkeit schenken kann.

Du kannst mir alles schenken.

Im Laufe des Tages kamen mir neue Zweifel, ob ich wirklich alles aufschreiben soll, was ich höre, ob es nicht nur meine Phantasie ist.

Schreibe alles auf und überlasse deinem Geistlichen Begleiter die Beurteilung. Ich sagte doch schon: Hab keine Angst, schaue auf mich und nicht auf dich selber.

Ich schnitt gerade einer Mitschwester, die mir Schwierigkeiten machte, die Haare. Ich berührte ihre Haare und ihren Kopf bewusst aus Liebe zu Jesus.

Danke!

Ich hatte eine ungeduldige Bewegung gemacht. Dafür entschuldigte ich mich bei Jesus, aber es fiel mir doch schwer.

Habe Vertrauen und übergib dich mir ganz!

In meinem Herzen sagte ich Jesus: Ich gehöre dir.

Und ich dir!

In der Nacht kniete ich vor ihm.

Ich sehne mich nach dir, komm doch nahe zu mir.

Ich spürte, dass es um die Nähe seines Herzens ging.

Ich bin allein und verlassen - sei bei mir!

Ich wünschte, dauernd bei ihm zu bleiben und bat um seine Hilfe.

Du hast doch mein Blut.

26.01.97

Während der Eucharistie entschuldigte ich mich bei Jesus für all die Augenblicke, in denen ich ihn allein gelassen hatte.

Sei meinem Herzen nahe, liebe mich.

Während einer Arbeit war ich in meine eigenen Gedanken vertieft.

Beschäftige dich mit mir.

Ich sollte für eine Mitschwester und mich einen Kaffee kochen und noch einen Brief schreiben.

Tu das für mich und denke dabei an mich.

Ich kniete vor dem Kreuz und schaute auf Jesus, aber wahrscheinlich fürchtete ich mich, seine Stimme zu hören, ich glaubte nicht so ganz.

Ich möchte mit dir sprechen, setze mir doch keine Grenzen, hab´ keine Angst!

Bei der Anbetung blickte ich auf ihn.

Ich liebe dich, und schenke dir meine Liebe, damit du wirklich lieben kannst.

Ich kämpfte mit Zerstreuungen, aber wollte doch bei Jesus ausharren.

Ich ergänze, was dir fehlt.

Ich fragte Jesus, wo er sich am meisten einsam fühlt.

Im Tabernakel vieler Kirchen, in den Kapellen von Ordenshäusern und auch in den Tabernakeln im Herzen der Menschen bin ich vergessen.

Ich wollte Jesus trösten.

Liebe jeden Menschen, der dir begegnet - ich bin in ihm gegenwärtig. Schenke mir ein Lächeln, schau mir in die Augen, sprich zu mir, liebe mich.

Bevor ich die Kapelle verließ, fragte mich Jesus:

Was wirst du mir morgen bei der Eucharistiefeier schenken?

Ich antwortete, meine Augen, damit er sie verändere, damit ich sehen könne wie er.

27.01.97

Nach dem Erwachen übergab ich Jesus alle Augenblicke des Tages.

Ich nehme sie an.

Während ich in einer Schlange von Menschen vor dem Schalter der Krankenkasse wartete.

Wer denkt hier an mich?

Ich überlegte, was ich tun könnte, damit Jesus sich wohl fühlt.

Tu nichts besonderes, aber liebe mich.

Auf der Strasse und im Bus betrachtete ich die Menschen, die mir begegneten. In ihnen nahm ich mit Gedanken und Herz Jesus in mich auf.

Liebe mich stellvertretend für sie.

Als ich Bedenken hatte, dass diese Worte von mir selber stammen könnten.

Wenn du dich bemühst, danach zu leben, was du hörst, kannst du ruhig bleiben.

Die Erledigungen bei der Behörde nahmen heute viel Zeit in Anspruch und außerdem konnte ich nichts erreichen. Trotzdem fühlte ich mich auf dem Heimweg glücklich.

Ich brauchte deine Augen.

Beim Segen mit dem Allerheiligsten, am Ende der Vesper:

Ich segne dich und alle, auf die du heute geschaut hast.

In der Nacht, als ich bei Jesus (in der Kapelle) wachte, dachte ich an die Exerzitien für Jugendliche, an denen ich teilnehmen sollte.

Sei meine Gegenwart, sei mein geöffnetes Herz!

Gleich darauf antwortete Jesus auf meine Unsicherheit, wie das gehen solle:

Übergib dich mir ganz, schenke mir dein Herz. Komm zu mir.
(Ich verstand, dass ich näher zum Kreuz kommen sollte.)
Ich gebe dir mein Blut, meine Kraft. Immer gemeinsam, alles zusammen.

28.01.97

An diesem Morgen war ich zerstreut.

Schau auf mich. Ich habe immer auf den Vater geschaut und hatte Ruhe im Herzen.

Ich freute mich, während der Exerzitien Jesus dienen zu können. Ich dankte ihm, dass er mir durch ein Leben für ihn so viel Glück schenkte.

Du wirst noch viel Schöneres erleben.

Ich dachte: „Ist es denn möglich, ein noch größeres Glück zu erleben?!"

Ich bin grenzenlos.

Ich wollte mir (in der Küche) ein Glas Joghurt „sichern", um es nach meiner Arbeit zu trinken.

Denke nicht an dich selbst. Sorge dich um mich, und ich werde mich um dich kümmern.

Er zeigte mir, dass ich ihm in allem vertrauen sollte, und mich auch nicht einmal um die kleinsten persönlichen Bedürfnisse zu kümmern brauchte. Beim Erledigen von Formalitäten zur Erlangung einer Rente für eine Mitschwester wollte ich ein gewisses Dokument nicht vorzeigen, da ich dachte, es könnte hinderlich sein.

Zeige alles, ich lenke die Sache.

Vor den Exerzitien, während der geistlichen Gespräche mit den Teilnehmern:

Hör aufmerksam und mit ganzem Herzen zu, ich höre zusammen mit dir.

Ich machte mir Sorgen, weil ich mir die Namen der Jugendlichen nicht merken konnte.

Liebe, liebe nur.

Spät in der Nacht, beim Verlassen der Kapelle, sagte ich zu Jesus, dass ich ihn liebe.

Und ich liebe dich!

In der Nacht kamen mir wieder Zweifel, ich hatte den Eindruck, die gehörten Worte seien eine Selbsttäuschung und Erfindung und ich könnte dabei Jesus selber verlieren. Lieber wollte ich nichts hören. Es kam mir der Gedanke, meinen Geistlichen Begleiter in der Sache um Rat zu fragen, aber gleichzeitig weiter gehorsam aufzuschreiben, was ich zu hören glaubte, und bis zu seiner Entscheidung weiter danach zu leben.

29.01.97

Am Morgen vertraute ich mich ganz Jesus an - jedes Wort, jede Geste und jede Regung des Herzens. Ich sagte ihm, wie sehr ich mir wünschte, seine Freude zu sein.

Du bist meine Freude.

Ich überlegte mir, was ich den Jugendlichen im Rahmen der Exerzitien beim Morgengebet sagen könnte. Ich begann, etwas zu formulieren.

Überlasse die Führung dem Heiligen Geist, du hast mir doch deine Worte schon übergeben.

In der Kapelle und bei Gesprächen:

Nimm alle in dein Herz auf, ich nehme sie in dir auf.

Während der Hl. Kommunion:

Zusammen mit mir nimm alle in dein Herz auf.

Beim Dankgebet:

Liebe mich.

Ich sagte Jesus, dass ich sehr glücklich bin, wenn ich i h n liebe, wenn ich d u r c h ihn liebe, wenn ich f ü r ihn liebe.

Dein Glück ist meine Freude.

Ich machte mir Sorgen, wie ich die Vorbereitung der Glaubenszeugnisse (für die Exerzitien), die geistlichen Gespräche mit den Teilnehmern und noch andere organisatorischen Aufgaben unter einen Hut bringen könnte. Jesus gab mir zu verstehen, dass ihn schon der kleinste Mangel an Vertrauen doch sehr weh tut.

30.01.97

Bei der nächtlichen Gebetswache in der Kapelle sagte ich zu Jesus, dass mein größtes Verlangen sei, für ihn zu leben, um ihm Freude zu bereiten, ihn zu trösten und ihm Linderung zu verschaffen.

Auch dieses Verlangen ist mein Geschenk und ich erfülle es.

Am Beginn des nächsten Exerzitientages:

Schenke mir Vertrauen, das tröstet mich am meisten.

Während des ganzen Tages bemühte ich mich, alles so zu tun und zu erleben, dass es für Jesus ein Trost bedeutet. In einem bestimmten Moment hörte ich:

Jetzt tut es mir weniger weh.

Ich brauche deine Liebe

31.01.97

Ich war bei Jesus in der nächtlichen Gebetswache und dachte nach, wo ich ihm heute Freude bereiten könnte.

Auf dem Ölberg war ich sehr einsam. Du bist meine Freundin – bleibe doch bei mir!

Ich dachte daran, dass die Apostel zwar eingeschlafen waren, aber es gab doch auch einen hilfreichen Augenblick der Stärkung durch den Vater im Himmel, der einen Engel schickte.

Ich verlange auch nach dem Herzen eines Menschen – nach deinem Herzen!

Am Morgen:

Wache stellvertretend bei mir (für die schlafenden Apostel).

Nach der Vorbereitung der Morgenandacht, noch vor dem Beginn des neuen Exerzitientages, sagte ich zu Jesus, dass ich jetzt in meinem Herzen zu ihm zurückkehre:

Du bist die ganze Zeit bei mir, dadurch, dass du es wünscht.

In der kurzen Pause, zwischen den Gesprächen mit den Jugendlichen, kehrte ich in Gedanken zu Jesus zurück.

Du bist die ganze Zeit bei mir.

Er gab mir zu verstehen, dass ich immer in ihm und bei ihm bin, auch dann, wenn meine Pflichten und das Apostolat den vollen Einsatz fordern und scheinbar Herz und Gedanken von Jesus ablenken.

01.02.97

In der Nacht sagte ich Jesus, wie glücklich ich bin, dass er meine volle Hingabe an ihn und in allem annimmt. Darin sehe ich die Feinheit und Hochherzigkeit seiner Liebe. Denn das, was ich Jesus schenke, das braucht er ja in Wirklichkeit gar nicht.

Doch, alles was du mir schenkst, das brauche ich! Ich brauche deine Liebe, dein Herz. Du, meine Freundin, sei mein Trost!

02.02.97

Sonntag – Ende der Exerzitien. Es fiel mir schwer, im gegenwärtigen Augenblick zu leben und zu lieben. Ich versuchte es, aber es ging nicht, ich war völlig durcheinander. Ich sagte es Jesus.

Ich sammle alle Bruchstücke deines guten Willens.

03.02.97

Während der Gabenbereitung in der Hl. Messe übergab ich Jesus mein Herz, damit ich den ganzen Tag über in seiner Nähe sei.

Ich verwandle dein Herz.

Ich dachte, dass meine Arbeit heute leichter ist als die der anderen Schwestern, und fühlte mich dabei etwas unwohl:

Es ist nicht so wichtig, w a s du tust – liebe nur und wünsche, mir nahe zu sein!

Ich erledigte einfache, unbedeutende Dinge. Dabei sprach ich mit Jesus darüber, was es bedeutet, zu lieben in so banalen Tätigkeiten, wie z.B. Gehen, Essen oder das Abspülen eines Glases:

Lerne die vollkommene Treue in den kleinsten Dingen. Lebe mein Leben im gegenwärtigen Augenblick.

Ich sah gewisse Schwierigkeiten voraus und das brachte eine gewisse Unruhe in mein Herz.

Ich erwarte in allem dein volles Vertrauen.

04.02.97

In der Nacht, während ich mit Jesus sprach, dachte ich an seine Geißelung.

Glaubst du an meine Liebe?

Ich antwortete: Ja.

Bisweilen schenke ich sie durch einen Schmerz.

Ich hatte den Eindruck, dass Jesus mich um tieferes Vertrauen bat.

Ich wartete an der Bushaltestelle und dann in der Kapelle auf eine Frau, die zum Gespräch verabredet war.

Das ist jetzt Zeit für uns! Jetzt sind wir unter uns!

Im Schwesternhaus wurde ein eigenes Programm für jene Frauen gestaltet, die ihre Kinder zu den Exerzitien gebracht hatten.

Zeige ihnen so viel Liebe und Herzlichkeit, dass ich mich dabei glücklich fühle.

Am Abend fragte ich Jesus, ob er heute Freude erlebt hätte, ob er glücklich war.

Ich war glücklich in jenen Menschen, bei denen du dich bemüht hast, sie zu lieben und denen du Mut gemacht hast.

Ich freute mich über diese Worte und sie weckten in mir den Wunsch, am nächsten Tag wirklich jede Gelegenheit zu nützen, um so Jesus wieder Freude zu machen.

05.02.97

In der Nacht dankte ich Jesus dafür, dass er drei meiner Wünsche für den ersten Lebensabschnitt schon zu Beginn meiner Berufung erfüllt hatte.
Ich sprach mit ihm auch über drei weitere große Wünsche, die er in mir innerhalb der Ordensgemeinschaft geweckt und vertieft hat.

Ich habe deine Wünsche in mein Herz geschlossen und ich werde sie erfüllen.

Am Morgen fiel es mir schwer, mit dem Lieben anzufangen.

Liebe mit meiner Liebe, liebe in der Kraft meines Blutes!

Von ganzem Herzen bemühte ich mich zu lieben und zu vertrauen, aber immer wieder erfuhr ich in verschiedenen Situationen des Tages meine Schwächen und meine Begrenzungen.

Ich verstehe deine Schwäche und nehme den guten Willen an.

06.02.97

Ich dachte an Jesus, wie viel er vor dem Gericht (des Hohen Rates und von Pilatus) durchmachen musste und dann dachte ich an das Leiden vieler Menschen in den Krankenhäusern.

Schenke mir das Vertrauen eines Kindes, das bringt mir Erleichterung und Freude. Vertraue stellvertretend.

Ich hatte Schwierigkeiten, den neuen Tag mit Offenheit und Liebe zu beginnen. Immer wieder versuchte ich neu anzufangen.

Dieser Tag soll ein Tag der Treue sein!

Heute fand ein starker Kampf in meinem Inneren statt. Meine unsichere Situation und das Warten auf Antwort machten mich müde und weckte die verschiedensten Zweifel in mir. Ich dachte sogar daran, vorläufig keine Notizen mehr an meinen Geistlichen Begleiter zu senden. In der Kapelle sprach ich mit Jesus darüber:

Vertraue mir bis zum Ende. Ich wache. Ohne meinen Willen geschieht nichts.

Ich verstand, dass das Ausbleiben einer Antwort vom Pater auch zum Plan Jesu gehörte. Ich hatte den Eindruck, dass Jesus mich bat, für ihn auch bereit zu sein, auf das Warten auf eine Antwort zu verzichten. Er wünschte wohl, dass ich bereit sei, jede auch noch so unangenehme Situation anzunehmen.

Ich fragte Jesus, was ich in dem Fall tun solle.

Schreibe weiter, sei wie ein vertrauendes Kind und füge heute deinen Notizen nur Grüße bei.

Ich tat, worum Jesus mich gebeten hatte, und schickte meine Notizen ab.
Am Abend, nachdem ich Jesus die ganze Last übergeben hatte, fühlte ich Frieden in mir und ich hatte den Eindruck, dass ich nun die Worte von Jesus in meinem Herzen mit größerer Leichtigkeit aufnehmen könnte.

Je mehr du vertraust, umso mehr kann ich auch dir anvertrauen!

07.02.97

In der Nacht ging ich zu Jesus mit einer gewissen Unruhe, die plötzlich in mir aufkam. Es fehlte mir an Bereitschaft und Offenheit, eine bestimmte Person mit verschiedenen Problemen ins Haus aufzunehmen. Ich konnte meine Gedanken an die vorherzusehenden Schwierigkeiten nicht bremsen. So erzählte ich alles Jesus und bat ihn um Verzeihung und Hilfe.

Du möchtest mich trösten und mir Freude bereiten – alles ist eine Gelegenheit dazu. Ich möchte in jedem Moment und in jeder Situation geliebt werden. Dieser Mensch – das bin ich!

Durch diese gütigen und feinfühligen Worte wurde ich schnell beruhigt und gestärkt. Sie schenkten mir große Freude.

Während der Hl. Messe:

> **Gib mir mehr Wärme und Mitgefühl. Ich brauche auch die Wärme deines menschlichen Herzens.**

Ich dachte nach, wie ich seine Bitte erfüllen könnte.

> **Liebe heute deine Mitmenschen mit größerer Empfindsamkeit und umgebe auch mich mit menschlicher Wärme.**

Ich freute mich, dass ich bis zum Abend noch ein paar Stunden hatte, in denen ich Jesus noch viele Zeichen der Liebe schenken konnte.

> **Bemühe dich, jeden Moment auszunützen. Dann werde ich glücklich sein.**

Nach dem Erfahrungsaustausch in der Frauengruppe erzählte eine Person etwas. Eine Zeit lang war ich mit meinen eigenen Gedanken beschäftigt.

> **Höre aufmerksam zu, so als ob du mir selber zuhören würdest. Das macht mir Freude.**

Während der Anbetung (Exerzitien für jüngere Jugendliche).

> **Hilf mir. Ich möchte ihr Leben durchdringen.**

Ich verstand, dass Jesus mich bat, während der Anbetung den Kindern zuliebe auf meine gewöhnte Art der Gespräche mit Jesus zu verzichten. Ich sollte bei allen gemeinsamen Gebeten und Liedern im Namen eines jeden Kindes und ganz für sie singen und beten. Ich sollte mein Herz dabei voll einsetzen.

08.02.97

In der Nacht sagte ich Jesus, dass ich mir sehr wünschen würde, ihn in jedem Menschen und in jeder Situation zu lieben.

Halte dein Herz weit offen, höre gut hin, ich sage es dir ein (wie du lieben sollst).

Ich dachte daran, dass ich Jesus schon oft wehgetan hatte, indem ich mich vor einer leidenden Person verschloss. Ich bat noch einmal um Verzeihung, besonders für einige bestimmte Fälle.

Lege dich an mein Herz, ich verzeihe dir, und schenke dir neue Kraft (zu lieben).

Am Morgen, nach dem Erwachen, sagte ich zu Jesus, ich wünschte, er wäre so glücklich wie ich.

Du kannst mir dieses Glück schenken.

Durch das Fenster in meinem Zimmer drangen warme, freundliche Sonnenstrahlen. Ich dachte eine Weile an seine Liebe.

Sende die Strahlen meiner Liebe in die Herzen der Menschen, die dir begegnen.

Am Mittag, zu Beginn der Hl. Messe:

Tauche dich in die Sonne ein, in meine Liebe, in mein Blut.

Vor der Opferung:

Sei ein Strahl meiner Liebe.

Beim Mittagessen bemerkte ich, dass eine Mitschwester, die ich zu scharf ermahnt hatte, weinte. Meine Forderungen an sie waren, wohl gemessen an ihren Möglichkeiten, zu groß. Ich war darüber sehr erschrocken, weil ich glaubte, Jesu weinendes Gesicht vor mir zu sehen. Gleich nach dem Essen bat ich die Schwester um Verzeihung und versuchte meinen Fehler durch Freundlichkeit wieder gutzumachen. Ich entschuldigte mich auch bei Jesus. Er hat mir verziehen, es fiel mir aber trotzdem schwer, weil es doch IHM wehgetan hatte. Ich wünschte sehr, diesen Schmerz rückgängig zu machen, so als ob er gar nicht existiert hätte.

Ich gebe dir Gelegenheit dazu.

Bis zum Ende des Tages suchte ich mit einer gewissen Anstrengung danach, was ihm gefallen könnte. Ich bemühte mich, schon durch das Suchen zu lieben, durch das Ausharren in dem, was er sich wohl wünschen würde, und auch durch das immer neue Zurückkehren meines Herzens und Willens zu ihm.

Ich nehme jedes Zeichen der Liebe an.

Er ließ mich auch verstehen, dass ich nicht zu dem Schmerz, den ich ihm bereitet hatte, zurückkehren sollte, sondern mit Freude neu beginnen dürfte, ihn im gegenwärtigen Augenblick zu lieben, ganz gleich was dieser auch bringt.

09.02.97

Sonntag Nacht. Ich wachte bei Jesus ohne etwas zu sagen. Später begann ich die Kreuzigung zu betrachten – Jesus unterbrach mich:

Sei bei mir, dem Auferstandenen. Meine Jünger sollen mir auch in den glorreichen Geheimnissen nahe sein. Ich will dir heute neues Leben, neue Liebe schenken.

So nahe bei ihm fühlte ich mich ruhig und glücklich. Ich sagte nichts:

Glaube an meine Liebe und Herzlichkeit! Komm ganz nahe zu mir, lehne dich an mein Herz. Heute spreche ich zu dir.

Als ich gerade die Kapelle verlassen wollte:

Bleib doch noch ein bisschen!

Ich dachte an seine Gegenwart in diesem Haus, im Tabernakel.

**Das alles ist ein Geschenk für dich!
Es gibt leider so wenig Dankbarkeit, und doch warte ich mit derselben Liebe auf jeden. Lehre sie Dankbarkeit.**

Ich verstand, dass es um die neu eingetretenen Novizinnen ging. Aber ich musste auch daran denken, wie viel Egoismus noch in mir selbst vorhanden war, wie viel Mangel an Liebe.

Ich verwandle dein Herz.

Ich bat Jesus, dass sein Verlangen mein Herz und mein ganzes Leben ausfülle.

Glaubst du daran, dass ich diesen Wunsch erfüllen will?

Ich bat Jesus, dass sein Blut meine Mängel ausfülle und sagte ihm, dass ich Kraft seines Blutes glaube.

Während der Hl. Messe:

Opfere mir deine Freude auf.

Ich antwortete Jesus, dass meine Freude darin besteht, ihm Freude zu bereiten.

Im Laufe des Tages bemühte ich mich, alles für ihn zu tun: Gespräche, das Zuhören, die Mahlzeit mit den Mitschwestern, die Erholungszeit usw.

Alles, was du mir aus Liebe schenkst, macht mir Freude.

Obwohl ich alles mit Liebe ausfüllen wollte, erfuhr ich in verschiedenen Situationen doch meine Schwächen. Ich übersah es zum Beispiel, jemandem, der es gebraucht hätte, zu einem geistlichen Gespräch einzuladen. Auch anderes verpasste ich. Ich sprach darüber mit Jesus:

Verdemütige dich und bitte mich, deine Mängel zu ergänzen.

Ich dachte eine Weile darüber nach.

Mein Blut ergänzt alle Mängel, es kann jede deiner Taten reinigen und daraus eine Gabe machen, die meinem Herzen gefällt. Glaube nur daran und bitte mich darum!

10.02. 97

In der Nacht:

Lebe aus Liebe und für die Liebe.

Als ich darüber nachdachte:

Fürchte dich nicht, ganz nahe zu mir (ans Kreuz) heranzukommen. Lebe an meinem Herzen, hier bekommst du Kraft und Licht.

In verschiedenen Situationen vergaß ich Jesus und dann schien mir diese Zeit wie verloren zu sein. Als ich mit meinen Gedanken und im Herzen zu ihm zurückkehrte:

Mit Freude warte ich jedes Mal auf deine Rückkehr. Opfere mir heute jeden verlorenen Augenblick auf, jede deiner Schwächen.

Ich erlebte einige kleine Verdemütigungen und dachte darüber nach, ob ich nicht doch eine dieser Situationen aufklären und mich rechtfertigen solle.

Wehre dich nicht, nütze jede Gelegenheit, dich in der Demut zu üben!

Am Abend las ich meine Notizen. Als ich fertig war, ermahnte mich Jesus:

Du hast ohne mich gelesen, tue alles mit mir zusammen, mit mir vereint.

11.02.97

Am Morgen nach dem Erwachen:

Schenke mir heute dein Lächeln, es wird viele Gelegenheiten dafür geben.

Während der Hl. Messe:

Gib mir dein Herz, aus ihm strahlt mir dein Lächeln entgegen.

In verschiedenen Situationen richtete ich Gedanken und Herz auf Jesus. Es gab einen Moment, in dem ich große Freude erfuhr, dank seiner liebevollen Nähe und Gegenwart.

Je öfters du an mich denkst, umso mehr lasse ich dich meine Gegenwart und Liebe erfahren.

Ich führte Einzelgespräche mit den neuen Mitschwestern. In der Pause:

Lade mich zu allem, was du tust und zu jedem Gespräch, ein.

Ich hörte einer Schwester zu, aber einen Augenblick lang war ich mit den Gedanken nicht bei ihr:

Höre mir zu!

Beim Abendbrot hatte ich gewisse Zweifel, was die Gespräche mit Jesus während der Mahlzeiten angeht.

Gehe auf deine Mitschwestern ein, mache ihnen die Einheit und bleibe in allem bei ihnen.

Diese Worte beruhigten mich sehr. Ich verstand, dass es Jesus lieber ist, wenn ich bei den Gesprächen in meinen Gedanken und in meinem Herzen bei den Schwestern bleibe und nicht den geistigen Kontakt mit ihm suche.

12.02.97

Aschermittwoch – in der Nacht:

Liebst du mich?

Ich antwortete, dass ich ihn liebe.

Ich verlange nach deiner Liebe.

Ich hatte den Eindruck, dass Jesus mir zu Beginn der Fastenzeit etwas mehr sagen wollte. Darum fragte ich ihn danach.

Ich lehre dich die Liebe zum Kreuz, wenn du mir treu bleibst.

Ich antwortete, dass ich mir sehr wünschte, ihm immer treu zu sein.

Du bist mir treu, und mein Blut schützt dich.
Du wirst in der Nähe meines Herzens in die Lehre gehen - unter dem Schutzmantel meines Blutes. Fürchtest du dich?

Ich antwortete ihm, dass ich keine Angst hätte, weil ich ihn liebe.

Heute erteile ich dir die erste Lektion.

Am Morgen, nach dem Frühstück, ging ich durch die Kapelle:

Schenke deinen Mitschwestern etwas mehr Freundlichkeit und Wärme!

Ich erinnerte mich daran, dass ich ihnen zu Beginn ihrer Arbeiten, keine einzige freundliche Geste geschenkt hatte. Darum kehrte ich zu den Schwestern zurück.

Ich hatte gesundheitliche und seelische Probleme, als ich an meine eigene Arbeit heranging. Es kam mir die Versuchung, mich hängen zu lassen.

Halte jetzt in Treue durch!

Ich erinnerte mich daran, diese Worte auch in der Nacht gehört zu haben. Sie halfen mir.
Den ganzen Tag über fühlte ich mich unwohl.

Gib mir in jedem gegenwärtigen Augenblick, was dir gerade wehtut. Mach dich eins mit mir, dem Gekreuzigten, tröste mich.

Am Ende des Tages überlegte ich, ob ich Jesus wenigstens ein wenig helfen konnte.

Immer, wenn du mir dein Leiden mit Liebe, Glauben und Vertrauen übergibst, ist das für mich eine Erleichterung.

Deine Berufung ist es, mich zu lieben.

13.02.97

Am Schluss der Nachtwache:

Was sagst du mir, um mir eine Freude zu machen?

Ich antwortete Jesus, dass ich wünschte, ihn heute mehr zu lieben als irgendwann zuvor in meinem Leben. Nach einer Weile wurde mir bewusst, wie schwach ich bin, doch der Gedanke an sein Blut beruhigte mich.

Lieben kann man unabhängig von dem, wie man sich fühlt.

Am Morgen hatte ich einige kleinere Gelegenheiten, mich in der Demut zu üben. Es war nicht ganz leicht, aber ich freute mich, dass ich Jesus etwas schenken konnte. Beim Durchqueren der Kapelle fragte ich ihn, ob es ihm Freude gemacht habe.

Es ist sehr leicht, mir eine Freude zu machen.

Ich hatte einige Arbeiten zu erledigen. Ich wusste nicht, was ich zuerst machen sollte. Dann gab er mir den Gedanken ein, in aller Ruhe eines nach dem anderen zu machen.

Opfere mir eine jede deiner Tätigkeiten auf. Zu Beginn jeder Arbeit sage mir tief im Herzen: „Das ist für dich."

Ich erfuhr meine Schwäche und überlegte, ob ich Jesus heute wirklich mehr als irgendwann in meinem Leben liebte.

Meine Liebe ist größer und ergänzt deine Mängel. Mein Blut bewirkt, dass sich die Wünsche deines Herzens erfüllen. Hab nur Vertrauen zu mir!

Nach den persönlichen Gesprächen und dem gemeinsamen Studium mit den Schwestern dachte ich mit Freude und Dankbarkeit daran, wie viel Gutes Jesus dabei gewirkt hatte.

Wie viel können wir doch tun, wenn wir es zusammen machen!

Ich sagte, dass es doch eigentlich sein Werk sei.

Aber du gibst mir dein Herz.

Bei der Anbetung sagte ich, dass ich heute doch eigentlich I h n in besonderer Weise lieben wollte, und dabei wurde ich in Wirklichkeit so reich von Jesus beschenkt.

Unsere Liebe ist gegenseitig.

14.02.97

Ich sagte Jesus, meine Sehnsucht sei es, S e i n e Wünsche zu erfüllen. Ich überlegte eine Weile, was ich machen könnte, um keine Gelegenheit dazu zu übersehen, sondern gut zu nützen.

Schau auf mich, sei meinem Herzen nah, dann siehst du alles. Das ist so einfach!

Eine Person, mit der ich verabredet war, verspätete sich. Ich war unzufrieden damit und dachte daran, ihr das beim Betreten des Zimmers spüren zu lassen.

Lasse dir nichts anmerken, sage nichts, geh fröhlich hinein.

Jesus bewirkte, dass ich mich wirklich freute.
Ich war gerade mit etwas beschäftigt, da hörte ich ganz zart:

Liebe mich.

Als ich Jesus in einem anderen Augenblick sagte, dass ich ihn liebe:

Ich liebe dich auch!

Während der Abendmesse hatte ich im Herzen noch einige Sorgen.

Übergib mir alle deine Sorgen.

Ich spürte deutlich, dass Jesus auch dieses Mal um volles, bedingungsloses Vertrauen bat.

Ich dachte an eine Mitschwester und an die anderen Menschen, die im Krankenhaus lagen.

Sie helfen mir, die Welt zu erlösen.

Öfters im Lauf des Tages näherte ich mich in Gedanken und mit dem Herzen Jesus. Ich sagte ihm immer wieder, dass ich von dem Augenblick an neu beginnen würde, ihn zu lieben.

Ich habe sehr gerne, wenn du mir das immer wieder sagst. Ich liebe deine neuen Anfänge.

15.02.97

Während der Nachtwache:

Sei heute bei mir – bei der Geißelung!

Nach einer Weile:

Fange mein Blut auf und bringe es als Opfer dar.

Ich freute mich, jederzeit Jesus nahe sein zu können und übergab ihm jeden Augenblick des folgenden Tages – mich selber ganz und gar. Mein einziger Wunsch war es, seine Schmerzen zu lindern.

Dank meinem Blute können wir einander so nahe sein, kannst du in so großer Vertrautheit mit mir leben.

Ich übergab mich ganz Jesus - meine Schwächen und besonders jene Augenblicke, in denen ich vielleicht nicht an ihn denken würde. Ich bat ihn, sie doch alle anzunehmen und durch seine Gegenwart zu vervollständigen.

Ich nehme alles an.

Es gelang mir nicht, in meinen Gedanken bei Jesus zu bleiben. Einige Besuche im Krankenhaus, die Operation einer Mitschwester und andere Probleme der Gemeinschaft lenkten meine Aufmerksamkeit auf anderes und zerstreuten mich etwas. Ich wollte eine größere Sicherheit haben, dass ich Jesus nicht alleine gelassen hatte.

> **Das hattest du mir schon gegeben. Du musst nicht immer meine Nähe spüren, glaube nur und vertraue! Ich bin dir immer nahe. Bleibe weiter in mir!**

Während der Anbetung:

> **Ruhe dich bei mir aus und lass dein Herz ruhig werden. Schau auf mich, und ich werde auf dich schauen.**
> **Tauche in mir ein, versenke in mir deine Müdigkeit und Sorgen, die Menschen, denen du begegnet bist und alle ihre Schwächen.**
> **Ich liebe dich, ich liebe dich mehr als du dir vorstellen kannst, als du spürst, als du begreifst. Ich liebe dich mit Unendlichkeit.**

Ich sagte Jesus: Auch ich liebe dich, und ich möchte dich noch mehr lieben, als ich es mir überhaupt auch nur wünschen kann. Auch ich will dich mit Unendlichkeit lieben und zwar in der Kraft D e i n e r Liebe. Darüber hinaus wünsche ich mir nichts mehr, will nichts mehr, brauche nichts mehr: Nur noch D i c h !

Wir werden immer zusammen bleiben - nichts soll uns trennen!

Ich dachte darüber nach, ob nicht das, was ich gerade aufgeschrieben hatte, eine Art von Stolz und Überheblichkeit wäre. Dabei beruhigten mich folgende Worte:

Könnte denn meine Liebe kleiner sein als deine Gedanken oder Wünsche?!

Nach einer Weile sagte er:

Geh jetzt fröhlich schlafen und beginne morgen, erneut für mich zu leben.

16.02.97

In der Nacht, während ich bei Jesus in der Kapelle war, dachte ich über das Verlieren nach, das Aufgeben von verschiedenen Dingen, aber auch von eigenen Grundsätzen und Denkgewohnheiten.

Lohnt es sich nicht, für meine Liebe alles zu verlieren?

Am Ende der Gebetswache bat ich Jesus mir zu sagen, für welche Begebenheit in seinem Leben ich heute besonders offen sein solle.

Horche tief hinein in mein „Mich dürstet", das ich am Kreuz gerufen habe.

Jemand hatte mich um einen Spaziergang und ein Gespräch gebeten. Ich hörte beim Gehen zu, aber für eine Weile kreisten meine Gedanken auch um die Gesundheit einer anderen Schwester.

Beschäftige dich jetzt mit niemand anderem! Derjenige, mit dem du gerade redest, ist jeweils der allerwichtigste Mensch für dich.

Am Sonntag Nachmittag dachte ich in der Kapelle über die Liebe Jesu nach. Ich war voller Dankbarkeit, dass Jesus trotz meiner Schwächen immer auf mich wartet, mich versteht - dass er so gut zu mir ist.

**Ich bin so einfach, damit du keine Angst hast, dich mir zu nähern ...
Es ist so leicht, mir eine Freude zu bereiten.**

Ich habe Sehnsucht nach dir, nach deiner Liebe, deinem Lächeln, deinen Augen, nach deinem ständigen Zurückkehren zu mir, nach deinem Herzen, deinem Vertrauen, nach dem Reichtum deiner Gefühle. Obwohl das alles mir schon gehört, möchte ich dennoch, dass du es mir noch einmal selber mit

einem Lächeln, einem liebenden Herzen, mit dem Herzen eines Kindes, schenkst. Ich warte immer darauf und bin glücklich, wenn ich auch nur ein kleines Zeichen von Liebe empfange.

Wer begreift denn überhaupt meine Liebe, und wer nimmt sie an?!
Du, meine Freundin, verstehst du mich?
Nimmst du meine Liebe an ...?

17.02.97

Ich war in meinen Gedanken wegen einiger Vorfälle etwas beunruhigt.

Schau, wie viel Zeit du durch das Nachdenken über diese Angelegenheiten verlierst. Frieden findest du doch nur in mir! Verhalte dich normal, sei fröhlich!

Nach der Rückkehr einiger Mitschwestern aus dem Missionshaus in Ozarow wollte ich mich nach dem Leben in der dortigen Gemeinschaft erkundigen. Ich bekam nur eine kurze und unwillige Antwort. Ich war dadurch innerlich etwas beleidigt.

Meinst du, dass diese Nachrichten dir helfen würden, mich mehr zu lieben?

Ich antwortete: „Nein". Und dieses Bewusstsein beruhigte mich und gab mir die innere Freiheit zurück.

Wenn ich anerkenne, dass dieses Wissen nötig wird, dann erhältst du es.

Manchmal las ich in früheren Notizen. Auch heute hatte ich Lust dazu.

Kehre nicht zurück, lese nicht, was du früher geschrieben hast, konzentriere dich nur auf die Notizen des jeweiligen Tages.

Am Nachmittag ging ich für eine Weile in die Kapelle, um Jesus zu sagen, dass ich von diesem Augenblick an bis zum Ende des Tages alles ganz anders erleben möchte, so ganz besonders für ihn.

Ich freue mich darüber und segne dich für jeden Augenblick.

Ich begann etwas zu machen.

Sag mir, was du jetzt tun wirst.

Ich antwortete, ich würde die Anmeldeformulare für eine Mitschwester ausfüllen. Es klang, als ob Jesus mich verbessern wollte:

Das tust du für mich.

Vor der nächsten Tätigkeit wiederholte Jesus seine Frage. Ich verstand, dass er mir auf diese Weise helfen wollte, ihm näher zu sein. Und es war wirklich leichter, bei allen folgenden Aufgaben bei ihm zu bleiben.

Bei der Anbetung:

> **Ich schenke dir mich ganz: Meine Liebe, mein Verzeihen, die Fähigkeit zu lieben …, damit du ganz glücklich wirst.**

Am Ende des Tages dachte ich darüber nach, was ich Jesus geben könnte, damit auch er glücklich wäre.

> **Opfere mir mein Blut auf und zusammen mit ihm dich selbst. Sei wie ein Kind, das vertraut. Das genügt mir. So werde ich glücklich sein.**

18.02.97

Während der Nachtwache:

> **Schau auf mich - sieh aufmerksam auf das Kreuz.**

Ich schaute auf ihn.

> **Deine Berufung ist es, mich zu lieben und mir Trost zu bringen.**

Ich sagte Jesus, dass ich Missionarin seines Blutes sei und dass darin mein größter Wunsch besteht.

> **Deshalb schau immer auf mich, den Gekreuzigten, und liebe mich.**

Ich sprach zu Jesus von meinem Kummer, dass ich ihn in den anderen Menschen so oft übersehe und verletze, und dass ich doch so sehr wünschte, ihn zu lieben.

> **Ich werde allmählich dein Herz und deine Augen verwandeln. Du hast sie mir doch schon übergeben. Sorge dich nicht, vertraue mir. Ist mir nicht mehr an dir gelegen, an der Erfüllung deiner Wünsche? Wenn ich in dir diese Wünsche erweckt habe, so erfülle ich sie auch.**

Ich fragte Jesus, was ich heute tun solle.

> **Liebe mich und vertraue.**

Seit dem frühen Morgen versuchte ich, die Angelegenheiten einer Mitschwester im Krankenhaus und im Büro der Versicherung zu erledigen. Ich dachte darüber nach, wie viel Zeit solche Formalitäten doch in Anspruch nehmen!

> **Denke nicht, dass das verlorene Zeit ist - das alles tust du doch für mich! Für mich erledigst du alles, stehst Schlange, opferst Zeit ...**

Über diese Worte freute ich mich sehr, und voll Freude ging ich den Weg - jeden Schritt vom Versicherungsbüro bis zum Krankenhaus - für Jesus.

> **Ich freue mich auch.**

Während ich diese Dinge erledigte und auch noch danach, fühlte ich mich unwohl und hatte zusätzlich noch Kopfschmerzen. Jesus half mir zu vertrauen und ihm alles aufzuopfern. Und ich selber erlebte mit großer Freude, wie Jesus selbst alle Schwierigkeiten der Reihe nach aus dem Weg räumte. Tatsächlich bereitete mir jetzt gerade das, was mich vorher so viel gekostet hatte, große Freude. Als ich über all das nachdachte:

Das war eine Unterrichtsstunde im Fach „Liebe zum Kreuz".

Während eines Gespräches kehrten meine Gedanken zu dem zurück, was ich erlebt hatte, und ich bat Jesus mit einem Lächeln im Herzen, mich in der Demut festzuhalten. Er antwortete mir mit Wärme und ebenfalls (wie mir schien) mit einem Lächeln:

Ich halte dich fest, aber jetzt kehre zu deinem Gespräch zurück.

Am Abend, während der Hl. Messe, als ich mich und das, was ich erlebt hatte, noch einmal Jesus übergab:

Ich gebe dir diese Erfahrungen, damit du mit noch größerer Einfachheit und mehr Vertrauen mit mir sprechen kannst.

19.02.97

In der Nacht sprach ich zu Jesus von meinem großen Wunsch, ihm ähnlich zu werden. Er fragte:

Möchtest du mir in allem ähnlich sein?

Ich richtete meinen Blick auf das Kreuz. Ich sagte: „Ja", ich wolle so lieben wie er, und vertrauen, dass seine Liebe mir den Mut geben würde, das Kreuz anzunehmen und zu lieben.

Hab keine Angst, ich beschütze dich, du wirst immer bei mir sein und ich bei dir. Dein Kreuz wird sogar angenehm sein, weil wir zusammen sind. Willst du das wirklich?

Ich sagte darauf, dass ich es mir aus ganzem Herzen wünsche - und nichts anderes.
Bei der Wandlung während der Hl. Messe bat ich ihn, mein Herz zu verwandeln.

Ich verwandle es. Tauche es in mein Blut ein.

Während der Hl. Kommunion bemerkte ich, dass eine Person Jesus nicht empfing. Sie tat mir sehr leid, weil ich wusste, dass sie SEINE Hilfe sehr nötig hatte. Ich sprach mit Jesus darüber.

Empfange du mich in der Hl. Kommunion stellvertretend für sie, und ich gebe ihr die nötige Gnade.

Er sagte mir:

Schau auf mich, den Gekreuzigten, liebe mich, bleibe bei mir.

Ich begriff, dass es um seine Anwesenheit in jenen ging, die leiden.

Ich dachte mit einer gewissen Spannung darüber nach, was ich noch alles zu tun hatte.

Wünsche, dass alles was du tust, ein Zeichen der Liebe zu mir sei, dann wird dein Herz ruhig sein.

Ich schrieb einen Text (die Anstandsregeln des Missionshauses) mit dem Computer ab:

Tust du das für mich?

Ich freute mich, dass ich Jesus helfen konnte, einige Personen geistlich zu stärken. Am Ende des Tages hörte ich von einer Schwester einige liebe Dankesworte. Zwar verwies ich die Schwester gleich auf Jesus hin, aber es blieb in mir eine gewisse Furcht, dass ich eitel und selbstzufrieden werden könnte.

Fürchte dich nicht! Danke mir künftig mit der Freude und Einfachheit eines Kindes dafür, dass ich durch dich anderen helfen will. Bleibe immer bei mir - zusammen schaffen wir noch viel mehr!

20.02.97

In der Nacht war ich ganz gesammelt, um gut auf Jesus hören zu können.

Ich möchte dir heute etwas Besonderes schenken.

Ich hatte den Eindruck, ich sollte aufschreiben, was Jesus diktiert. Deshalb nahm ich mein Heft.

Ich erfülle jetzt deinen dritten Wunsch. Ich gebe dir die Gnade, ständig an mich zu denken.

Ich verstand das erst nicht genau:

Das bedeutet nicht, dass du dich in deinen Gedanken ständig mit mir beschäftigst, sondern es geht um die ständige Bereitschaft und Offenheit deiner Seele. Du wirst dich unterhalten, arbeiten, lesen, verschiedene Arbeiten erledigen, aber in deinem Herzen wird ständig das Gedächtnis an mich bleiben, du wirst alles in Einheit mit mir tun und dich immer wieder mit mir beraten. Ich werde stets bei dir sein – immer zusammen. Das ist das Fundament, und auf ihm werde ich deine ersten zwei Wünsche weiter entwickeln und erfüllen. Du brauchst etwas Zeit, warte geduldig. Übergib dich mir in vollem Vertrauen – ich übernehme die Führung.

Nach diesen Worten war ich grenzenlos glücklich.
Bei der Betrachtung in der Kapelle blieb mir noch etwas Zeit. Ich dachte an Jesus, versicherte ihm von neuem meine Liebe, und fing unvermittelt an, den Rosenkranz zu beten. Er unterbrach mich (wie ich den Eindruck hatte) mit einem Lächeln:

Du gibst mir ja keine Chance, dir auch etwas zu sagen! Höre dich noch aufmerksamer in mich hinein!

Nach der Hl. Kommunion weilte ich ganz nahe bei Jesus und drückte mich an sein Herz.

Bleibe bei mir. Hier ist dein Platz. An meinem Herzen kannst du mir besser zuhören, meine Wünsche besser verstehen.

Ich holte eine Mitschwester aus dem Krankenhaus ab. Ich hatte die Bildchen vergessen, die ich den anderen Kranken zum Abschied schenken wollte und war deswegen etwas besorgt.

Schenke jedem dein Herz, das ist mehr.

Im Zug (ich fuhr zu meiner Familie) begann ich nach einem Gespräch mit einer Mitreisenden zu lesen.

Sage mir etwas Liebes.

Ich dachte mir, dass für jemandem, der liebt, die größte Freude darin besteht, dass die geliebte Person glücklich ist. Darum sagte ich Jesus, wie überglücklich ich bin, weil er da ist und ich bei ihm sein darf.

Ich sage dir auch etwas Liebes. Ich bin glücklich, weil es dich gibt, weil du bei mir bist.

Ich las das Buch mit einem Herzen voller Freude. In meinem Herzen hörte ich:

Wenn du mir treu bleibst und immer Vertrauen hast, wenn du deinem Seelenführer gehorsam bist, gebe ich dir noch größere Gnaden und komme dir noch näher.

Ich sah ein verliebtes Paar, das sich am Bahnhof begrüßte. Dabei wurde mir bewusst, dass ich ja noch unsagbar glücklicher als sie bin.

Wir müssen uns weder begrüßen, noch verabschieden. Es wird nur eine Begrüßung geben!

21.02.97

Am Morgen:

Halte heute dein Herz und deine Augen offen und aufnahmebereit für jeden Menschen, der dir begegnet, für jedes Leiden.

Während der Hl. Messe

Übergebe mir dein Herz, Augen und Mund, damit ich durch dich wirken kann.

Ich hatte vor, zwei Personen zu besuchen, und ich bat Jesus, mich nach seinen Plänen zu führen. Er fügte es so, dass ich mein Elternhaus zu einem anderen Zeitpunkt verließ, als ich eigentlich vorgehabt hatte. Dadurch hatte ich zwei so genannte „zufällige" Begegnungen. Ich denke, sie waren wohl sehr wichtig. Ich war später ganz benommen vor lauter Freude, weil ich sah, wie Jesus in allem mitwirkte.

Deine Freude war für diese Leute sehr wichtig. Sie war eine Frucht unserer Einheit. Je tiefer diese ist, desto mehr

kann ich durch dich geben. Das ist deine Berufung.

Zum Abendessen war eine Bekannte meiner Eltern eingeladen. Leidenschaftlich wurde über Politik diskutiert. Ich verstand fast nichts davon und es gab keine Möglichkeit, mich an diesem Gespräch zu beteiligen. Ich sah auf Jesus und wusste nicht, was ich tun sollte.

Bleibe in meiner Liebe.

22.02.97

Während der Hl. Messe sagte ich zu Jesus, dass ich mir heute wünschen würde, zu seiner Freude zu leben.

Sei aufmerksam, horche gut hin, ich werde ganz sachte zu dir sprechen.

Ich war mit meinen Eltern beisammen.

Sei ihnen gegenüber sehr feinfühlig.

Jesus erfüllte mich so sehr mit seiner Freude, dass ich ihn daran „erinnerte", dass doch eigentlich ich zu seiner Freude leben wollte.

Sei glücklich, freue dich - das ist ein Sich-gegenseitiges-Beschenken.

Ich reiste von Olesnica wieder ab. Meine Gedanken waren noch bei meinen Eltern, aber ich fragte Jesus, wie ich jetzt leben solle, um weiterhin für ihn Freude zu sein.

Übergib mir die Sorgen um deine Eltern und kümmere dich jetzt um jene, mit denen du gerade zusammen fährst. Sei ein Opfer für sie!

Ich bat Jesus um solch eine Liebe, die mich fähig machen würde, seine Wünsche zu erfüllen. Ich verstand jedoch nicht genau, worin mein Opfer bestehen solle.

Denke an mich und liebe mich in ihnen stellvertretend. Bete für sie.

Ich sah schreckliche Inschriften an den Mauern (vermutlich satanistische), und das beunruhigte mein Herz.

Sage zu mir: „Ich glaube, dass Dein Blut stärker ist".

Ich wiederholte die Worte im Herzen, aber ich fühlte, dass es mir noch etwas an Vertrauen fehlte. Es schmerzte mich, dass ich ihm dadurch wehtun könnte. Ich sprach darüber mit Jesus.

Vertrauen ist eine Gabe (wie ein Samenkorn). **Bitte mich um ihr Wachsen.**

Am Ende der Reise war ich recht müde und nicht mehr imstande, etwas Bestimmtes zu unternehmen.

Opfere dich selber auf - für mich - bis zum Ende des Tages, bis zum Einschlafen. Alles was du mir aus Liebe aufopferst, macht mir Freude.

Am Ende des Tages bekam ich Zweifel, ob all das, was ich da erlebe, überhaupt möglich ist. Ich erhalte doch so viel Freude, besonders seit jenem Augenblick, da ich auf Wunsch meines Geistlichen Begleiters begonnen hatte, Notizen zu machen.

Nimm die Freude, nimm meine Liebe an und erfreue dich an ihr. Ich selber leite dich. Ich habe schließlich das Recht, für jede Seele den Weg zu wählen, den ich selber möchte.

23.02.97

In der Nacht kamen meine Zweifel zurück. Ich fing an, mich zu fürchten, ob ich nicht zu sehr auf das Hören konzentriert bin.

So lange die Worte mit dem Evangelium übereinstimmen, so lange dein Seelenführer nicht anders entscheidet, höre und sei ruhig.

Ich hatte den Eindruck, dass Jesus noch einmal meine Aufmerksamkeit auf den Gehorsam gegenüber meinem Seelenführer lenkte. Später hörte ich noch in meinem Herzen:

Lerne bei mir zu verweilen - ohne Worte: sage nichts - ich selber wirke in der Seele.

Während der Hl. Messe wurde mir bewusst, dass ich mich am meisten davor fürchte, Jesus auch nur den kleinsten Mangel an Vertrauen zu zeigen. Bei der Gabenbereitung opferte ich ihm von neuem mein Vertrauen und bat ihn, alle Mängel zu ergänzen.

Ich lasse dein Vertrauen wachsen. Übe jetzt dein Vertrauen dadurch, dass du im Glauben jede auf dich zukommende Situation annimmst. Alles was dir begegnet ist eine Gabe von mir, eine Gabe meiner Liebe für dich.

Jemand bat mich um ein Gespräch. Ich war damit einverstanden, konnte aber in meinem Herzen diese Person nicht ganz annehmen. Gewöhnlich nervten mich Gespräche mit dieser Person. Ich war eine Weile in der Kapelle.

Gehe mit ihr spazieren - das soll dieses Mal deine Anbetung sein. Aber bete mich an!

Ich war bereits müde vom Übertragen meiner Notizen einiger Tage ins Reine. Ich musste meine Müdigkeit und meine Zweifel abwehren.

Sei treu!

Mein Blut reinigt dich.

24.02.97

Ich wünschte mir, dass meine Liebe zu Jesus zu einer reinen Gabe für ihn werde. Ich sagte ihm, dass ich ihn nicht wegen seiner Gaben, sondern um seiner selbst willen lieben wolle.

Mein Blut reinigt dich.

Mir wurde bewusst, dass ich mich Jesus, dank seinem Blut, in diesem Augenblick in vollem Vertrauen hingeben konnte. Ich dankte für seine Kraft, die Freiheit und das Vertrauen, die mir zusammen mit seinem Blut geschenkt wurden.

Mein Blut ist ein Geschenk für dich und dadurch wird das, was du mir gibst, zu einer reinen Gabe deines Herzens.

Am Morgen ging ich ins Missionshaus der Brüder. Ich hörte im Herzen:

Weißt du, die größte Freude bereitest du mir heute dadurch, dass du mir in allem vertraust.

Während des Morgengebetes:

Wiederhole heute oft in deinem Herzen, dass du mir vertraust.

In der Kirche, vor Beginn der Hl. Messe, sagte ich Jesus, dass ich mich ihm ganz übergebe.

Lebe für mich aus der Quelle meines Blutes, vertraue in der Kraft meines Blutes.

Ich erledigte gerade etwas.

Sag mir, was du tust.

Auch bei anderen Tätigkeiten hörte ich diese Worte im Herzen und die Ermunterung:

Tu das für mich.

Während eines kurzen Besuches in der Kapelle dachte ich daran, wie klein doch meine Liebe noch ist, mit der ich die verschiedensten Dinge verrichte - so viel fehlt mir noch!

Wenn du vertraust, wenn du mein Blut annimmst, dann reinige und ergänze ich alles.

In einer neuen Situation, die Vertrauen verlangte, nahm ich Zuflucht zu seinem Blut und bat Jesus, er möge mich bewachen und mich im Vertrauen festhalten.

Ich wache über dich.

Bei der Anbetung dankte ich Jesus, dass er mir trotz meiner Mängel und Schwächen, durch die Hilfe seines Blutes gegen Ende des Tages den inneren Frieden, das Glück und ein frohes Gefühl von Freiheit zurückgeschenkt hatte.

Bleibe in mein Blut eingetaucht - dort wirst du immer in Sicherheit sein.

25.02.97

Ich sagte Jesus, wie viel Freude es mir macht, die Schönheit der Natur zu sehen, wie sehr ich mir wünsche, er könnte mit der gleichen Freude in mein Herz schauen. Ich dachte, dass trotz meiner Schwachheit sein Blut das bewirken könne.

Übergib dich mir mit dem Vertrauen eines Kindes. Weihe dich meinem Blut. Dieses bewirkt das Wunder der Reinigung deines Herzens und macht es so schön, wie ich die Welt ausgeschmückt habe mit all dem, was du in ihr bewunderst.

Und dann, wenn ich auf dich schaue, werde auch ich ebenfalls ganz begeistert sein. Ich schenke dir mein Blut, das alles vermag.

Es wollte mir nicht recht gelingen, mit Jesus in Kontakt zu kommen. In meinen Gedanken und meinem Herzen herrschte ein zu großes Durcheinander. In der Kapelle blickte ich eine Weile auf Jesus.

Du kannst immer wieder von neuem beginnen.

Im Laufe des Tages versuchte ich, eine besondere Nähe zu Jesus herzustellen, aber in meinem Herzen und in meinen Gedanken war ich noch nicht frei für ihn.

Kehren wir doch zurück zur Vertrautheit des Beisammenseins! Ich brauche deine Feinfühligkeit.

Beim Geschirrabtrocknen sagte ich Jesus, dass ich es für ihn tue.

Tu es für mich mit einem Lächeln.

Heute wünschte ich sehr, zur Beichte zu gehen, aber ich hatte den Eindruck, dass Jesus mich zurückhält. In meinem Herzen hörte ich:

Heute nicht. Morgen gebe ich dir selbst Gelegenheit dazu. Hab nur Vertrauen!

Ich war schon auf die Beichte eingestellt und wehrte mich ein wenig gegen diese Worte, aber es schien mir, dass ich sie noch einmal im Herzen hörte. So tat ich, was Jesus wünschte. Am Ende des Tages sagte ich zu Jesus, dass ich ihm heute doch Freude schenken wollte, aber nicht viel daraus geworden ist.

Aber du hast dich bemüht!

Heute machen wir alles zusammen.

26.02.97

Bei der nächtlichen Gebetswache blickte ich auf Jesus am Kreuz.

> **Liebe mich, danke mir. Dein ganzes Leben soll heute eine einzige Danksagung sein. Es gibt so wenig Dankbarkeit auf der Welt. Und zu jedem Dank füge ein Lächeln hinzu. Es soll von Herzen kommen!**

Ich dachte darüber nach, welche Freude es doch ist, die Stimme Jesu im eigenen Herzen zu hören, und dass ich mir das auch wirklich so sehr wünsche.

> **Wie gut, dass du danach Verlangen hast.**

Ich war etwas bekümmert, weil mir noch nie die Gelegenheit gegeben war, in der Nähe meines Geistlichen Begleiters zu wohnen. Die Kontakte waren immer nur sporadisch. Ich wollte doch so viel an der Quelle lernen!

> **Wünschst du dir mehr die Nähe des Geistlichen Vaters, oder die meine?**

Nach der Hl. Kommunion:

> **Ich sehne mich danach, dass unsere Einheit vollkommen wird.**

Ich dachte, dass das wohl erst im Himmel möglich ist.

Ich aber möchte, dass es jetzt geschieht – die Einheit der Gedanken, der Wünsche und der Herzen. Schenke dich mir ganz!

Im Bewusstsein meiner Schwäche bat ich das Blut Christi um Hilfe.

Ich habe sie dir schon versprochen.

Ich übergab Jesus meine verschiedenen Unvollkommenheiten.

Weißt du, das Abgeben seiner Schwächen kann für mich eine Freude sein! Aber tue es mit Anmut und Lächeln - ganz nahe an meinem Herzen.

Ich durchquerte gedankenlos die Kapelle. Jesus rief mich zurück in den Gang.

Gehe nie gleichgültig an mir vorbei. Sage mir immer etwas Liebes, oder lächle mich aus ganzem Herzen an.

Ich dachte darüber nach, ob ich durch das Suchen der Nähe zu Jesus, nicht die Liebe zu den Mitmenschen vernachlässigen würde.

Zuerst sollst du nach einer tiefen Einheit mit mir streben, daraus erwächst dann die gesunde Sorge um den Mitmenschen.

Am Ende des Tages bat ich Jesus um Verzeihung dafür, dass ich ihm heute so wenig gedankt hatte.

> **Du dankst mir auch, wenn du meine Gaben annimmst und dich über sie freust.**

27.02.97

Am Morgen:

> **Heute tun wir alles gemeinsam.**

In Gedanken kehrte ich zum Hören der Stimme Jesu in meinem Herzen zurück.

> **Denkst du, ich spreche nur zu Auserwählten? Ich wünsche die Nähe von jedem Menschen. Hilf mir, dass auch andere Menschen meine Stimme vernehmen, dass sie sich für mich öffnen.**

Ich ging zusammen mit Jesus, und ich sagte ihm, dass ich mir nicht nur wünsche, er möge in allen Situationen bei mir sein, sondern dass ich auch immer in ihm weilen möchte.

> **Unser „Zusammensein" ist mehr, als das gewöhnlich unter Menschen möglich ist. Es ist eine vollständige „Kommunion".**

Ich stimmte mich in einigen kleineren Entscheidungen mit Jesus ab und bat ihn, mich immer zu verbessern, wenn ich unbewusst irgendeinen Fehler mache.

Wenn du alles in tiefer Einheit mit mir machen willst, dann leite ich dich. Dann brauchst du keine Angst vor Fehlern zu haben.

Während der Abendmesse in der Kirche:

Opfere mir unser Eins-werden auf, dein „Nichts" und mein Blut.

Während der abendlichen Anbetung in der Kapelle dachte ich daran, dass bis Tagesende noch etwas Zeit ist. Ich wollte ganz für Jesus leben.

Liebe mich, bleibe bei mir. Heute kannst du nicht mehr viel tun, aber lieben kannst du - immer.

Ich las einen Brief.

Lesen wir zusammen!

Ich fragte Jesus, wie ich ihm helfen könnte, dass sich auch andere für ihn öffnen. (Am Morgen hatte ich den Eindruck, dass er darum bat).

Es genügt, dass du immer froh bist und Zeugnis davon gibst, wer ich für dich bin.

Vor dem Schlafengehen dankte ich Jesus dafür, dass ich heute mit ihm zusammen sein durfte, so nahe.

Wir trennen uns nicht!

Ich dachte noch eine Weile an ihn, an das Glück eines Lebens zusammen mit ihm.

Jetzt siehst du mich nur wie durch einen Nebel und bist schon so glücklich, aber später, wenn du mich ganz klar siehst ...

28.02.97

Während der Nachtwache:

Atme mich, sei erfüllt von mir.

Ich dachte, dass ich doch eigentlich ein „Nichts" bin.

Wenn du „jemand" wärst, wäre für mich kein Platz. Ich kann das Nichts ausfüllen. Habe das Verlangen, ein Nichts zu sein, damit du „ich" (Jesus) werden kannst.

Am Morgen, bevor ich das Haus verließ, trank ich Kräutertee.

Trinke so, um mir dadurch zu gefallen. Bemühe dich, mir in allem zu gefallen.

Während der Hl. Messe:

Gib mir deine Gedanken. Ich möchte, dass du meine Gedanken übernimmst.

Ich war kurz bei Jesus in der Kapelle und sah ihn an.

Lass dein Herz hier. (Ich verstand – bei ihm).

Ich sollte heute eine Gruppe einer anderen Gemeinschaft in unserem Missionshaus aufnehmen.

Bereite dein Herz und auch die Pforte – für mich.

In der Kapelle lehnte ich mich in Gedanken eng an Jesus und entschuldigte mich für alle Schwächen und Mängel dieses Tages. Ich hatte den Eindruck, dass er sich nicht dabei aufhalten wollte. Er sagte mir sehr feinfühlig und herzlich:

Jemand, der sehr liebt, sieht oftmals die Schwächen des anderen nicht, er übersieht sie einfach.

Darüber war ich etwas erstaunt.

Ich sah jede deiner Bemühungen, und das machte mir Freude.

Ich dachte, ob es nicht doch meine Phantasie ist, die mir solch erfreuliche Worte eingibt.

Meine Liebe ist größer als du es dir ausdenken, begehren oder vorstellen kannst.

01.03.97

Zu Beginn der Nachtwache kniete ich vor Jesus, aber ich war recht zerstreut.

Sage jetzt nichts und denke auch nicht nach.

Am Anfang musste ich mich bemühen, in mir alles still werden zu lassen. Jesus half mir und in der Stille hörte ich dann:

Sei ein Geschenk für mich.

Ich fragte: „Wie?"

Lass dich einfach in meine Arme nehmen. Ich sehne mich nach deiner Nähe. Dich selbst und alles was in dir ist, übergib mir. Ich werde dich selbst dort hintragen, wo ich dich haben will, und du halte dich an meinem Herzen fest.

Ich sagte Jesus, wie sehr ich ersehne, mit ihm vereint zu sein, und dass ich den Eindruck habe, dass diese Sehnsucht bisweilen aus dem erwächst, was ich höre.

Ich schenkte dir deine Wünsche und die Empfindsamkeit, um dich fähig zu machen, mit mir ständigen Umgang zu haben und meine Stimme zu hören.

Während einer kurzen Pause bei der Arbeit am Computer lenkte ich meine Gedanken und mein Herz zu Jesus.

Jede auch noch so kurze Pause soll ein Treffen unserer Herzen und Augen sein!

Ich fragte Jesus, wie das während der Arbeit geschehen soll.

Auch dann sind wir weiter zusammen und ich wache über unsere Einheit.

Ich sagte Jesus, wie sehr ich mir wünsche, dass mein Herz seinem Herzen ähnlich sei.

Lass dein Herz immer nahe bei meinem sein!

Ich hielt mich bei Jesus in der Kapelle auf, hörte aber seine Stimme nicht. Da sagte ich ihm, dass ich ihn immer liebe, ganz gleich, ob er spricht, oder ob er schweigt. Ich fragte, wie er das aufnimmt, wenn ich zu ihm spreche.

Ich schweige, um auch dich zu hören. Ich habe gern, wenn du zu mir sprichst.

Von der Kapelle aus sollte ich zur Arbeit am Computer gehen.

Sprich zu mir unterwegs, erzähle mir etwas.

In der Kapelle, vor dem Schlafengehen.

Alles, was du bis zum Einschlafen tust, soll in mir geschehen. Ich will an allen Einzelheiten deines Lebens teilhaben, sogar an den einfachsten. Ich möchte, dass du heute meine Anwesenheit bis zum Einschlafen bewusst erlebst. In mir atme, bewege dich, schließe die Tür und schreibe diese Worte auf. Seien wir wirklich beisammen!

02.03.97

In der Nacht sprach ich zu Jesus darüber, wie ich helfen könnte, andere Menschen zu ihm hinzuführen.

Du brauchst nichts Besonderes zu tun. Mache mir ganz die Einheit und antworte treu auf die Gnaden, die ich dir schenke. Sei glücklich! Ich selber lenke dich und bediene mich deiner Person. Ich selber tue es.

Während des Morgengebetes war ich noch nicht mit Gedanken und Herz ganz für Jesus da.

Beginne von diesem Augenblick an!

Ich empfand sehr stark, dass es Wunsch und Wille Jesus ist, ich solle jeden Augenblick mit ihm zusammen in möglichst tiefer Einheit leben.

Das wird unsere gemeinsame Freude sein!

Während der Passionsandacht vor der Hl. Messe hatte ich den Eindruck, Jesus lenkt meine Aufmerksamkeit besonders auf die Geißelung. Ich wollte ihm im Laufe des Tages durch kleine Zeichen der Liebe Linderung verschaffen.

Sei bei mir, dem Gegeißelten.

Ich kam mit einer Mitschwester von einem Spaziergang nach Hause zurück. Unterwegs hatte ich mich von neuem Jesus geschenkt - mein Herz, mein Vertrauen.

Das Vertrauen ist für mich die größte Gabe.

Später, in der Kapelle:

Je tiefer du mir vertraust, desto mehr kann ich tun.

Ich schrieb einen Brief.

Schreibe so, als ob er für mich wäre.

Trotz aller Bemühungen sah ich meine Mängel und Schwächen in der Liebe zu Jesus, in meinem Einsatz für ihn. Das bereitete mir Sorgen.

Ich will es nicht, dass du dich bei deinen Schwächen aufhältst. Schau auf mich. Kehre mit Freude zu mir zurück.

Am Schluss des Tages, in der Kapelle.

Kümmere dich um mich. Liebe mich mit der ganzen Kraft deines Daseins in diesen noch verbleibenden Augenblicken des Tages.

03.03.97

Während der Nachtwache hörte ich nichts, und ich hatte den Eindruck, Jesus will mir die Gabe, ihn zu hören, wieder wegnehmen. Dieser Eindruck wurde im Lauf der Zeit immer stärker. Ich fühlte mich eigenartig, aber ich sagte ihm, dass ich ihn, unabhängig von seinen Plänen, immer lieben will. Voll Vertrauen schenkte ich mich von neuem Jesus. Erst später, als ich wieder in mein Zimmer zurückkehrte, hatte ich den Eindruck, dass Jesus mir sagte, es sei eine Probe gewesen und ich würde immer bei ihm sein.

Am Morgen, nach dem Erwachen:

Unsere Herzen sollen eins sein!

Ich hatte gesundheitliche Probleme und fühlte mich seelisch und geistlich geschwächt.

Mach dich auch in diesen Schwierigkeiten eins mit mir.
Das soll deine Teilnahme an meinen Leiden sein.

In einem anderen für mich schwierigen Moment sagte ich Jesus, dass ich von jetzt an mich bemühen will, Schritt für Schritt und Augenblick für Augenblick für ihn zu leben.

Das freut mich sehr – sei gesegnet!

Am Nachmittag musste ich lange mit einer Mitschwester im Wartezimmer des Arztes auf die Untersuchung warten. In dieser Zeit betete ich und schrieb.

Opfere mir jeden Moment auf, das Warten, die Müdigkeit, alles was du tust.

An der Haltestelle mussten wir lange auf einen Bus warten. Es war unangenehm kalt. Mit dem Gedanken, dass Jesus vielleicht selbst einmal ähnlich unter der Kälte gelitten hatte, opferte ich ihm das auf und machte mich eins mit ihm.

Freue dich, dass du wenigstens ein wenig an meinem Leiden teilnehmen kannst.

Am Abend, während der Hl. Messe.

Opfere mir deine Bereitschaft auf, meine Stimme auch nicht zu hören und die innere Freiheit, nur für mich da zu sein.

Nach der Hl. Kommunion übergab ich Jesus die Spannungen des ganzen Tages.

Ruh dich an meinem Herzen aus.

Während des Gebetes „Ewiger Vater" opferte ich alle Personen, die mir heute begegnet waren, Gott auf - im Wartezimmer des Arztes, im Bus …

Übergib mir bei diesem Gebet immer alle, denen du begegnest und denen du dienst.

Ich fragte Jesus, ob er mir erlaubt, die früheren Notizen noch einmal zu lesen, da ich den Eindruck hatte, es würde mir helfen, in seiner Gegenwart zu verharren.

Lies nur, aber einzig und allein in der Absicht, dass dein Herz immer stärker für mich brennt.

04.03.97

Während der nächtlichen Anbetung sprach ich mit Jesus über meine Sehnsucht nach einer reinen Liebe und Offenheit für jeden Menschen - einer Liebe nach seinem Vorbild, die mir noch so sehr fehlt.

Du beachtest noch zu wenig mein Blut. Lass dich von ihm ganz durchdringen und reinigen. Weißt du, mein Blut ist wie ein Feuer, das das Eisen reinigt, ein Feuer, das alles verbrennt, was verdorrt ist. Willst du, dass ich dich mit diesem Feuer durchdringe, damit alles, was in dir vertrocknet und abgestorben ist, ausbrennt und reinigt und mit mir verschmelzt?

Mein Blut ist ein solches Feuer. Lass dich von ihm verschlingen und verbrennen! So wirst du mit mir eins.

Während der Hl. Messe bewegte mich ein Problem, das eine gewisse Person betraf. Ich wollte mich durch das Blut Jesu von meinen Gedanken und Vorstellungen befreien.

Ich nehme es dir ab, das gehört jetzt mir, und du nimm jetzt mit Freude und innerer Ruhe weiter an der Hl. Messe teil!

Später beobachtete ich einige Vögel, die trotz starken Windes gegen die Böen anflogen und immer höher in den Himmel stiegen.

Keine Schwierigkeit soll das Aufsteigen deines Herzens, deiner Liebe zu mir, hemmen.

Ich unterhielt mich mit einer der Schwestern, aber dabei kam in mir eine gewisse Abneigung gegen sie auf.

Achte nicht auf die Gefühle. Liebe mich in ihr, hör ihr zu, lächle.

Diese Schwester sagte in einem gewissen Augenblick zu mir, sie sei fern von Gott.

Sag ihr, dass sie nicht fern von mir ist!

Eine Frau, die mich oft anruft und dabei jedes Mal über dieselben Probleme klagt, rief wieder an. Ich war unzufrieden als ich ihre Stimme im Hörer erkannte, und wollte ihr wieder den gleichen Rat geben wie bisher. Da hörte ich deutlich in meinem Herzen:

Tröste sie aus mir heraus, hülle sie in Liebe und Güte ein.

Während der Anbetung dankte ich Jesus dafür, dass trotz der Erfahrung meiner eigenen Schwäche an diesem Tag dennoch seine Liebe in mir Sieg davon getragen hatte. Ich war glücklich.

Sogar dann, wenn du nur den unsicheren Eindruck hast, meine Stimme zu hören, antworte mir trotzdem in Treue auf alle meine Eingebungen.

Ich begriff, dass es für mich das Wichtigste ist, nach diesen Worten zu leben.

Am Schluss des Tages, in der Kapelle:

Was wirst du mir morgen schenken?

Ich antwortete ihm, dass ich die Aufgabe bekommen hatte, möglichst schnell das *„Savoir-vivre" des Missionshauses* zu schreiben, und deshalb würde ich morgen die meiste Zeit des Tages am Computer verbringen. Das wollte ich ihm schenken.

Wir werden zusammen sein. Opfere mir alles auf – Gedanken, Hände, Gesten. Ich werde in deiner Arbeit anwesend sein.

Später:

Ich will in jedem Moment deines Lebens gegenwärtig sein.

Was willst du mir heute schenken?

05.03.97

Am Ende der nächtlichen Anbetung hörte ich in meinem Herzen:

Gib mir einen Kuss und gehe nun schlafen.

Auf dem Weg in mein Zimmer sagte ich Jesus noch, dass mein Herz ihm gehöre.

Und mein Herz gehört dir!

Während der Hl. Messe hatte ich gewisse Schwierigkeiten, an ihr aufmerksam teilzunehmen. Es klang wie eine Ermahnung, wo ich Hilfe finden kann:

Mein Blut ...

In den kurzen Pausen während der Arbeit am Computer kehrte ich in meinen Gedanken zu Jesus zurück.

Wenn du wieder bewusst bei mir weilst, dann soll jede deiner Gesten in meiner Gegenwart geschehen – für mich.

Beim Mittagsgebet bemühte ich mich, mit ganzem Herzen und Verstand bei Jesus zu weilen, und ich wünschte mir sehr, ein Geschenk für ihn zu sein.

Du bist hier und betest, um mich zu lieben.

Während ich meine Suppe aß, wollte ich auch damit Jesus lieben.

Alles kann Ausdruck der Liebe zu mir sein.

Während ich am Computer arbeitete, kam es zu einer technischen Störung, so dass ich um den Text fürchtete. Da gleich der Unterricht für die Mitschwestern beginnen sollte, konnte ich erst später zum Computer zurückkehren. Ich war unruhig. In der Kapelle hörte ich:

Ich weiß von der ganzen Situation, vertraue mir, übergib es mir und gehe ruhig zu den Schwestern.

Während der Anbetungszeit nach der Vesper konnte ich kaum meine Schläfrigkeit beherrschen. Ich entschuldigte mich bei Jesus für meine Abwesenheit. Abends, auf dem Heimweg, hielt mich eine Frau an, um mit mir ihre Leiden und Freuden zu teilen.

Bete mich jetzt in dieser Person an.

06.03.97

Ich dankte Jesus dafür, dass ich in meiner Beziehung zu ihm den Eindruck hatte, als sei er nur ganz alleine für mich da.

> **Ich bin nur für dich da, und auf dieselbe Weise bin ich für jeden da. Aber so viele meiner Kinder wünschen das gar nicht. Hilf mir, sie näher an mein Herz zu ziehen.**

Ich fragte, wie ich das machen solle.

> **Tu alles wie gewöhnlich, aber opfere mir dich selber in diesem Anliegen auf und alles, was du tust - jede Schwierigkeit. Ich bin immer bei dir, in allen deinen Angelegenheiten. Sei du ebenfalls bei mir in der Sorge um alle diese Dinge.**

Schon seit Tagesanbruch hatte ich seelische Schwierigkeiten, ich spürte eine innere Leere in mir.

> **Nimm diese Schwierigkeit und Leere an und opfere sie mir auf für jene, denen ich helfen will.**

Zufällig schaute ich auf ein Foto, wobei mir in den Sinn kam: „Jederzeit und für alles danke ich".

> **Danke mir auch für deine seelischen Schwierigkeiten.**

Während des Tages wechselte ich durch eine Willensanstrengung immer wieder aus meiner inneren Leere zu einem Leben im gegenwärtigen Augenblick für Jesus. Aber diese Nähe bei ihm dauerte jedes Mal nur kurz – ich vergaß immer wieder. Ich sagte Jesus, dass man mit mir wirklich die Geduld verlieren kann.

Ich verliere niemals die Geduld. Kehre immer wieder demütig, beharrlich und vertrauensvoll zu mir zurück.

Ich hielt nur schwer am Computer aus und schlief fast ein. Aber in verschiedenen Momenten kehrte ich in Gedanken zu Jesus zurück.

Schenke mir ein Lächeln - du brauchst mir gar nichts zu sagen!

Bevor ich schlafen ging, kehrten meine Gedanken zu Jesus zurück.

Du kannst sogar noch im letzten Augenblick des Tages, noch unmittelbar bevor du einschläfst, damit beginnen, mich zu lieben.

07.03.97

Eine Mitschwester bat mich, dass ich für sie die 14. Station des Kreuzweges vorbete. Ich hatte keine Zeit, die entsprechende Betrachtung vorzubereiten. Ich versuchte es noch, aber es gelang mir nicht mehr. Vor dem Beginn der gemeinsamen Betrachtung in der Kapelle:

Ich selber werde die Leitung übernehmen, wenn du dran bist, du aber habe Vertrauen zu mir und nimmt ganz ruhig an der Betrachtung teil. Denke nicht darüber nach, was du sagen wirst.

Heute haben wir etwa 100 Leute im Missionshaus unterzubringen, die zum Einkehrtag kommen. Ich dachte, wie soll das nur möglich sein, da die Schwestern zum Wochenendstudium unterwegs waren.

Habe Vertrauen zu mir, ich nehme alles in die Hand. Nur selber vertrau dich mir an und alle, die zum Einkehrtag kommen.

Während des Mittagsgebetes war ich mit meinen Gedanken bei dem Einkehrtag, der beginnen sollte.

Denke nur darüber nach, wie du mich im gegenwärtigen Augenblick lieben kannst, und alles andere regele ich selber.

Ich verstand, dass Jesus sich selber um alles kümmern wird, und dass ich mir selber keine Sorgen machen muss. Während des Mittagessens sprach ich mit den Leuten von den Anonymen Alkoholikern (die zum Einkehrtag gekommen waren).

Höre ihnen aufmerksam und interessiert zu.

Ich fragte Jesus, was für ein Thema ich für den Einleitungsvortrag nehmen solle.

Sprich über mich, über meine Liebe.
(Wir hatten als *Wort des Lebens* „So sehr hat Gott die Welt geliebt ...")

Kurz vor der Hl. Messe kamen noch einige Leute an. Schon zu Beginn der Eucharistiefeier dachte ich mit Unruhe darüber nach, wie ich für alle einen Platz zum Schlafen organisieren könnte. Es gab ein Problem durch das Zusammentreffen zweier verschiedener Gruppen von Teilnehmern.

> **Ich sagte dir schon, dass du dich um nichts sorgen sollst. Ich selber will alles organisieren.** *(Und tatsächlich: gleich nach der Hl. Messe fand sich eine Lösung für alle)*

08.03.97

Beim Gebet in der Nacht dankte ich Jesus dafür, dass er mich gestern in so vielen Situationen „gerettet" hat und mir immer wieder geholfen hat. Ich bat um Verzeihung für jene Momente, in denen es an Vertrauen gefehlt hat. Ich fragte Jesus, was ich tun muss, um ihm nicht durch Mangel an Vertrauen weh zu tun.

> **Wenn du dich gegen Hochmut und Neidgefühle wehren musst, dann drücke dich ganz fest an mich. Je näher du an meinem Herzen bist, um so weniger Chancen haben die Versuchungen, und um so stärker bist du. Ich selber verteidige dich.**

Bei der Hl. Messe sagte ich Jesus, dass ich heute auf seine LIEBE ganz mit Liebe antworten will.

Ja, ich will geliebt sein!

Der Pater (der den Einkehrtag leitete,) bat mich, den Vortrag für die Teilnehmer aus der Gemeinschaft des Blutes Christi zu halten. Ich fragte Jesus um Rat, was für ein Thema ich nehmen solle. (Der Pater hatte es mir freigestellt).

Sage ihnen, wie man am besten auf meine Liebe antwortet, wie man mich liebt.

Bei dem Erfahrungsaustausch in der Gruppe mit 10 Frauen fingen diese an, über ihre („frommen") Erlebnisse zu berichten. Am Anfang ist mir das schwer gefallen, dass trotz meiner Erklärungen und Beispiele die Sache nicht gut klappte.

Höre ihnen geduldig und mit Liebe zu.

Ich dachte über den ganzen Tag und die Gespräche mit verschiedenen Leuten nach. Ich freute mich über die spürbare Hilfe Jesu. Mir fiel auf, dass es nicht einmal eine Gelegenheit für eine Pause gab.

Suche nicht selber solche Gelegenheiten. Sei immer bereit, einem Jeden zu dienen – wer nur immer deine Hilfe braucht. Über alles andere denke ich selber nach.

Ich bat Jesus um Verzeihung für den Mangel an Liebe. Ich war mir nicht sicher, ob ihm in jeder Situation mein Verhalten gefiel.

Bekenne mir mit Demut deine Schwächen, aber dann halte dich nicht länger mit ihnen auf. Beginne mich von neuem und mit größerem Einsatz zu lieben.

09.03.97

In der Nacht

Was willst du mir heute schenken?

Ich dachte ein wenig nach, aber ich konnte nichts Konkretes nennen.

**Ich bin in jeder unvorhergesehenen Sitution und „Überraschung" gegenwärtig.
Nimm mich heute in der Unbeständigkeit des jeweiligen Augenblickes an und mache dir keine eigenen Pläne. Frage mich immer wieder, hole dir Rat bei mir, schau auf mich.**

Am Ende der Gebetsstunde sagte ich Jesus, dass ich so sehr seine Wünsche in mir haben möchte.

Höre jeden Tag in mich hinein – ich sage dir dann immer, welche Wünsche ich habe.

Während der Hl. Messe wurde ich von zwei Personen etwas missachtet, was sie selber aber nicht merkten. Ich drückte mich (in Gedanken) an Jesus, bat ihn um Entschuldigung für meine Reaktion, und wehrte mich so gegen die unguten Gefühle, die in mir aufkamen.

Liebe mich noch mehr und erweise diesen Leuten besondere Freundlichkeit.

Im Hausgang sprach mich eine junge Frau von den Anonymen Alkoholikern an, die mir ihr Leid klagte. Ich schaute in ihr auf Jesus in seinem Heiligen Blut und bat für sie um Hilfe. Selber vermochte ich nichts zu sagen.

Stehe unter ihrem Kreuz, umfange es, drücke es an dich.

Ich hatte eine Serie von Bildern des Gekreuzigten bei mir, die ich jemandem bringen wollte. Gegen Ende des Gespräches mit dieser Frau vernahm ich in meinem Herzen:

Gib ihr diese Bilder!

Ich war zum „offenen Meeting" der AA eingeladen.

Tauche einen Jeden in mein Blut ein.

Von Anfang des Treffens an fühlte ich mich aus ungewissen Gründen physisch wie psychisch unwohl.

Opfere dich für sie auf.

Bei der Abendanbetung kreisten meine Gedanken noch um die Ereignisse des Tages.

Übergib doch all diese Dinge und Leute meinem Herzen. Sei jetzt ganz mit mir

und ruhe dein Herz aus.

Später sagte ich zu Jesus, dass die Worte, die ich höre, mir sehr helfen würden. Aber in den darauf folgenden Tagen bekäme ich wieder andere Worte, und dann wüsste ich nicht, wie ich das alles miteinander verbinden sollte.

Das, was ich dir sage, betrifft den jeweiligen Tag und dem entsprechend bemühe dich zu leben.

10.03.97

Am Anfang der nächtlichen Gebetsstunde.

Ich bin wie ein Bettler, der um ein Almosen fleht. Ich bitte um Liebe und wie ein Bettler sammle ich ihre Brotreste. Ich sehne mich nicht nach viel, aber ich erwarte, dass meine Liebe angenommen wird.

Ich erinnere mich nicht an Einzelheiten, aber ich spürte damals seinen Schmerz und wollte so sehr auf diesen Hilferuf antworten. Darum schenkte ich mich von neuem Jesus und alles, was am kommenden Tag auf mich zukommen würde. Ich übergab ihm auch das Bewusstsein meiner Nichtigkeit.

Danke für jedes Zeichen und für jede Geste der Liebe. Du bist mein gutes Kind!

Ich bin mir nicht sicher, ob ich es wirklich hörte oder ob das eher die Stimme meiner eigenen Wünsche war. Bevor ich in mein Zimmer zurückkehrte, sagte ich Jesus, dass ich ihn auch noch durch das Verlassen der Kapelle lieben möchte. Darauf sagte er wie mit einem Lächeln:

Die Kapelle (darf man) verlassen, aber nicht mich!

Nach dem Erwachen übergab ich Jesus den ganzen Tag und mich selber, um ihn zu lieben.

Ich nehme dich an, deinen guten Willen, deine Sehnsucht nach Liebe.

Ich schaute den wunderschönen Himmel im Morgenrot an und dankte Jesus für seine Liebe und für das Geschenk dieses Schauspiels am Himmel.

Wir werden einen Austausch halten von lauter Gaben der Liebe.

Ich empfand sehr stark meine eigenen Schwächen und verlor den Frieden im Herzen als gleichzeitig verschiedene Probleme auftauchten. Ich wurde mir selbst zur Last. Erst in der Kapelle wurde ich mir bewusst, dass mein Hauptproblem im Mangel an Vertrauen besteht. Ich bat Jesus um Verzeihung und spürte seine große Liebe, sein Verzeihen und hörte in meinem Herzen:

Hab nur Vertrauen, und alles wird gut werden! Ich selber halte Wache.

Später sagte er mir gütig im Hinblick auf das, was ich erlebt hatte:

> **Ich stelle dich vor verschiedenste Ereignisse, damit du ein immer größeres Vertrauen erwerben kannst. Die Ereignisse und Leute sind nur Werkzeuge in meiner Hand.**

Ich überlegte, wie ich denn ein so großes Verlangen nach Liebe und Vertrauen in mir haben könnte, da doch in mir immer wieder eine so große Schwäche und Armseligkeit zum Vorschein kommt.

> **Habe weiterhin das Verlangen nach den Gipfeln von Liebe und Vertrauen. Ich werde es erfüllen. Aber jetzt ist es notwendig, dass du deine Schwäche erfährst. Leiden ist notwendig.**

11.03.97

In der Nacht erlebte ich eine neue starke Welle innerer Unruhe, die durch die hartnäckige Rückkehr von Gedanken an gewisse Probleme ausgelöst wurde. Ich war nicht imstande das zu bremsen. Ich fühlte mich vollständig ohnmächtig. Morgens nach den Erwachen:

> **Ich bin bei dir. Hab keine Angst. Es wird alles gut werden. Ich selber löse alle Probleme!**

Ich war müde von dem inneren Kampf. Bei der Hl. Messe hörte ich nach der Kommunion:

Denke jetzt an nichts – drücke dich an mein Herz!

Der Organist stimmte den Kanon an: „Jesus ich vertraue auf dich."

Singe jetzt mit Mund und Herz: „Jesus ich vertraue auf dich" und wiederhole diese Worte den ganzen Tag über.

Vor dem Mittagsgebet ging ich etwas früher in die Kapelle. Mit einer echten inneren Erleichterung und ohne Worte verweilte ich bei IHM.

Schaue auf mich und atme tief durch …

Ich dankte für den Frieden, der seit der Hl. Messe in mein Herz zurückgekehrt war. Ich fühlte mich wie ein schwaches Kind, das aber in den Armen des liebenden Vaters überaus glücklich ist.

Lebe in der Freude!

Am Ende des Tages dankte ich Jesus für die Wiederkehr von Friede und Vertrauen. Ich überlegte, wie ich diese Gaben in mir bewahren könnte:

Jede Gnade, die ich dir schenke, füllt den Kelch bis zum Rand. Während du mit ihm durch die verschiedenen Ereignisse des Tages hindurchgehst, gib acht, dass nichts aus dem Kelch verschüttet wird.

Ich überlegte, wie ich die Vorsicht bewahren könnte.

Schau nicht auf die Gabe, sondern auf den Geber!

12.03.97

In der Nacht:

**Habe das Verlangen, alles mit mir zusammen zu tun.
Du hältst den Stift in der Hand, aber erlaube, dass ich dabei dein Herz lenke, deine Gedanken und auch den Stift. Sei ständig mit mir in Verbindung.**

In einem anderen Moment:

Schaue immer auf mich und überall. Kehre immer wieder geduldig zu mir zurück. Halte weder deinen Blick noch dein Herz an Jemandem oder an Etwas fest, was außerhalb von mir ist. Beurteile nicht, ob du etwa mehr oder weniger geliebt hast, ob du einen Fehler gemacht hast - das alles ist verlorene Zeit. Liebe mich, liebe in jedem Augenblick. Das ist es, was mein Herz begehrt!

Morgens nach dem Aufwachen:

Sage mir: „Ich möchte jede Situation des (neuen) Tages als ein Geschenk von dir und für dich annehmen."

Vormittags ergaben sich verschiedenste Schwierigkeiten und Probleme. Ich hatte den Eindruck, dass sich alles immer mehr verkompliziert. Ich schaffte nicht mehr, alle Schwierigkeiten zu meistern. Der Höhepunkt war, dass eine junge Mitschwester zurück ins Krankenhaus musste. In der Kapelle:

Je schwieriger eine Situation ist, desto mehr Freude kannst du erleben, wenn du meine Hilfe annimmst. Nur musst du Vertrauen zu mir haben!

Bei der Hl. Messe am Nachmittag vor der Gabenbereitung:

Übergib mir alle deine Probleme.

Das habe ich getan – so gut ich es nur konnte.

Jetzt sind es schon nicht mehr deine.

Mich erfüllte immer mehr innerer Frieden. Das Denken an Jesus war wie Ebbe und Flut.

Fange immer wieder sofort an, mich zu lieben, sobald deine Gedanken zu mir zurückkehren und bemühe dich, so lange wie nur möglich in meiner Gegenwart zu leben.

Am Ende des Tages kniete ich in der Kapelle vor ihm im Gebet. Ich hatte eine innere Ruhe und fühlte mich frei. Ich dankte Jesus.

Wenn du etwas Schwieriges erlebst, so sage es mir. Ich weiß zwar schon alles, aber für dich ist es so leichter, mir alles zu übergeben, was dir schwer fällt.

Jesus leben im gegenwärtigen Augenblick.

13.03.97

Ich dachte an Jesus auf Golgotha. Ich wollte bei ihm sein wie Maria, um wenigstens einen kleinen Trost zu schenken.

Ja, du kannst es, sei mein Trost!

Ich merkte, dass ich in Wirklichkeit nicht viel machen konnte – eigentlich nur ganz kleine Dinge.

Auch das ist für mich wertvoll, wenn du mir dadurch eine Erleichterung schaffen willst.

Ich hatte Schwierigkeiten mit dem Einschlafen und war mir nicht sicher, ob ich während des Tages imstande sein würde, normal meinen Dingen nachzugehen. Aber ich weckte in mir Vertrauen zu Jesus.

Ich werde dir Kraft geben.

Ich hatte einige Dinge zu erledigen, aber unterwegs ergaben sich verschiedene unvorhergesehene Hindernisse. Ich schaffte es nicht, diese Gelegenheit gut auszunützen, um bewusst und ganz für Jesus zu leben. Ich fragte ihn, was zu tun sei, wenn ich mir nicht sicher bin, wie ich mich in einer konkreten Situation verhalten soll.

Dann frage mich und horche auf die Stimme des Herzens. Nachher musst du dich aber bemühen, alles genau so zu tun, wie du es in dir vernommen hast.

Eine Mitschwester kehrte von einer Pfarrei-Mission zurück. Ich überlegte mir kurz, ob ich zur Begrüßung hinunter zur Haustür gehen oder auf sie im ersten Stock warten solle.

Geh nur hinunter und begrüße sie so herzlich und mit einer so großen Liebe, als ob du mich selbst empfangen würdest. Sie war doch für mich unterwegs!

Ich las noch einmal die Notizen aus meiner nächtlichen Gebetswache durch. Dabei wurde mir bewusst, dass ich doch nicht bei Jesus auf Golgotha ausgeharrt und ihm keine Linderung verschafft habe. Das wollte ich irgendwie wieder gutmachen.

Liebe mich von jetzt an bis zum Ende des Tages mit großer Intensität bei allem was du tust. Ich nehme diese Gabe an und helfe dir.

Bei der Hl. Messe nach der Kommunion:

Tauche dich in meinem Herzen in mein Blut ein – das wird dich stärken.

Vor dem Einschlafen dankte ich Jesus für alle Hilfe im Laufe des ganzen Tages. So stark hatte ich sie doch in den verschiedensten Augenblicken erfahren.

Das hatte ich dir doch auch versprochen!

Besonders dankte ich noch für die Hl. Kommunion in der heutigen Messe.

Jeder Ausdruck deiner Liebe vertieft unsere Einheit.

14.03.97

Während der nächtlichen Gebetswache:

Das ist die Kommunion der Herzen!

Für den heutigen Tag hatte ich mir die Planung der Noviziatsexerzitien vorgenommen. Ich hielt mich in unserem Noviziatshaus („Heilig-Blut") auf.

Fange mit einem Gebet an und dann vereinbare alles mit mir zusammen.

Abends wusste ich nicht, was mit mir los ist. Ich konnte mich nicht dazu aufraffen, in kleinen praktischen Dingen, den anderen Liebe zu schenken. Bei der Hl. Messe schaffte ich es nicht, meine Müdigkeit zu beherrschen, wenn die Schläfrigkeit mich überfiel. Ich war innerlich leer und trocken. Erst spät kehrte ich in das Noviziatshaus zurück. Für eine kleine Weile ging ich in die Kapelle und dann ins Zimmer. Ich spürte jedoch in meinem Herzen, dass ich in die Kapelle zurückkehren sollte.

Du darfst noch nicht schlafen gehen, solange du nicht mit mir voll versöhnt bist! Denke jetzt nicht darüber nach, was heute alle los war. Vor dem Einschlafen hast du noch einige Minuten Zeit: Liebe mich beim Zurückgehen, beim Türeschließen, beim Notizenschreiben, beim Schlafengehen.

Mir kam in den Sinn, dass das doch Kleinigkeiten sind im Vergleich zu den verlorenen Gelegenheiten.

Ich will nicht, dass du darüber nachdenkst, was gewesen ist. Jetzt zählt nur jeder konkrete Ausdruck der Liebe.

15.03.97

In der Nacht:

Sage nichts, tu nichts – einzig und allein: liebe mich!

Während der Hl. Messe musste ich alle Augenblick die Gedanken an all das, was es zu erledigen gab, beiseite schieben. Es fiel mir schwer, denn ich spürte, dass das ein Zeichen von Mangel an Vertrauen zu Jesus sein konnte.

Sieh mich an. Heute bemühe dich, mit den Augen der Seele und des Leibes in mir den Gekreuzigten zu schauen.

Nach der Rückkehr in das Noviziatshaus besuchte ich für einen Augenblick die Kapelle und wollte dann in mein Zimmer gehen.

Bleib doch noch eine Weile und komm näher zu mir. Wichtig ist nur der gegenwärtige Augenblick, das Jetzt. Liebe mich jetzt, und jetzt sei bei mir! Wiederhole diese Übung im Laufe des Tages.

Bei der Betrachtung hatte ich mit verschiedensten Zerstreuungen und mit der Schläfrigkeit zu kämpfen, um wenigstens für einige Zeit bei Ihm zu weilen. Während des eucharistischen Segens:

Bei der Treue kommt es vor allem auf das ständige Wiederzurückkehren an. Das ist für mich wertvoller als ein leichtes Verweilen in meiner Gegenwart.

16.03.97

Morgens während der Hl. Messe:

Lebe eins mit mir im gegenwärtigen Augenblick. Denke nicht darüber nach, was kommen wird. Alles, was Planung oder Vorüberlegung braucht, das mache mit mir zusammen - in meiner Gegenwart!

Ich ging in die Kapelle und begann darüber nachzudenken, was als nächstes auf mich zukommen würde.

Jetzt sei ganz bei mir, denke an mich - später wartet eine andere Aufgabe auch dich, dann die nächste, aber gehe jede zusammen mit mir an! So Augenblick für Augenblick – Aufgabe für Aufgabe. Wie glücklich kann doch das Leben sein!

Ich wollte zu Beginn der Noviziatsexerzitien selber zur Beichte gehen und fragte Jesus, wann ich am besten gehen solle.

Gehe heute - jetzt sofort!

Ich sagte ihm noch, dass ich immer mit der Gewissenserforschung Schwierigkeiten hätte – jetzt auch.

Das ist nicht das Wichtigste. Liebe mich!

Nach der Beichte sagte ich Jesus, wie sehr es mir weh tun würde, dass ich immer noch so viele Mängel hätte, was das Vertrauen und das Leben im gegenwärtigen Augenblicks angeht, und dass ich es so sehr anders wünschte.

Ich helfe dir.

Auf dem Weg in unser Haus betrachtete ich den wunderschönen Sternenhimmel.

Das ist für dich!

17.03.97

Während der nächtlichen Gebetswache dankte ich Jesus für die Vergebung. Ich war sehr glücklich.

Ich habe dir alles verziehen. Du hast das nicht bemerkt, aber mein Blut hat dich tief in der Seele gereinigt, damit du in einer größeren Vereinigung mit mir ganz glücklich wirst.

Ich sagte Jesus, dass ich ganze Ewigkeiten hier auf der Erde leben könnte, um ihn zu trösten und um ihn zu lieben, wenn das für ihn eine Freude wäre.

Ich will von dir noch mehr geliebt sein und zwar im Himmel. Aber dafür muss ich dich erst noch vorbereiten.

Nach dem Aufwachen sagte ich Jesus, dass ich ihn in jedem Augenblick lieben will, in jedem neuen Jetzt.

Ich werde mit dir sein.

Ich dankte Jesus für die Nähe mit ihm zusammen.

Ich führe dich noch zu größerer und tieferer Nähe.

Als ich einem Jungen zuhörte, der zu einem Gespräch kam, bat ich Jesus, dass er ihm selber helfen möge.

Ich werde das Gespräch leiten.

Abends bei der Anbetung hatte ich den Wunsch, dass Jesus mich von allen Schwächen dieses Tages reinige, damit ich ganz für ihn frei sei.

Ich reinige dich immer wieder, wenn du es nur wünschst.

18.03.97

In der Nacht bat ich Jesus nicht nur um die Vergebung für meine Fehler, sondern vor allem darum, dass er selber doch nicht meinetwegen leiden möge. Ich sagte ihm, dass ich ihm auch nicht den kleinsten Schmerz zufügen möchte, und dass ich deshalb vor meinen eigenen Schwachheiten Angst hätte. Ich wolle von ihnen frei sein.

Wenn du diese Schwachheiten nicht hättest, könntest du meine Barmherzigkeit nicht erfahren. Wenn du dir aber Mühe gibst, sie aus Liebe zu mir zu vermeiden, dann verletzt du mich nicht.

Ich wachte mit einem Gefühl der Ferne von Jesus auf.

Sei mir treu!

Ich sagte Jesus, dass ich nicht in dieser Entfernung von ihm leben könnte.

Bist du bereit, für mich auch die innere Wüste durchzumachen?

Etwas später hörte ich in meinem Herzen:

> **Deine Berufung besteht darin, mir ganz nahe zu sein. Sei mein Trost. Verpasse heute keine Gelegenheit dazu!**

Ich zog mich an und fragte in meinem Herzen Jesus, ob ich ihn auch bei einer solchen Tätigkeit trösten könnte.

> **Ja, immer, wenn du nur in dir den Wunsch hast, mir eine Freude zu bereiten und mich zu trösten.**

Ich trug gerade irgendein Gefäß.

> **Liebst du mich?**

20.03.97

Ich floh vor meinen inneren Einsprechungen, weil ich den starken Eindruck hatte, ich würde sie mir selber einbilden.

> **Horche aufmerksam hin – bis zuletzt!**

Wir sangen gerade vor einem Vortrag während der Noviziatsexerzitien.

> **Singe für mich!**

Ich ging durch das Haus und war gerade auf der Treppe.

> **Jeder Schritt, jeder Atemzug in MIR!**

21.03.97

Mädchen und Jungen kamen zum Einkehrtag.

Nimm sie alle in dein Herz.

Kurz vor der Abendmesse erlebte ich eine für mich schwierige Situation. Ich erlebte so etwas wie eine „dunkle Nacht" in mir. Ich hatte Angst, überhaupt die Hl. Kommunion zu empfangen. Ich ging doch, aber nachher bereute ich es, denn ich schaffte es nicht, in mir etwas zu verändern. Als ich in unser Haus zurückkehrte, ging ich in die Kapelle.

Komm ganz nahe zu mir, zum Kreuz, und gib mir einen Kuss. Aber zuerst musst du mir versprechen, dass du morgen zu dem Mädchen gehst, und ihr mit einem Lächeln etwas Liebes sagen wirst. (es ging um jemand, der mir Probleme gemacht hatte)

22.03.97

In der Nacht überlegte ich mir, was Jesus vor seinem Leiden im Ölgarten durchgemacht hat.

Ich möchte, dass du bei mir bist.

Eine Weile dachte ich noch darüber nach.

Nimm jede Situation des Tages so an, dass du auf diese Art bei mir bist.

Morgens nach dem Erwachen.

In deinem Herzen wirst du eine Trockenheit erleben, aber ich werde mit dir sein und du sei nahe bei mir!

Ich machte eine geistliche Krise durch. Schon seit dem Morgen ging es mir schlecht. Mittags war die Hl. Messe, aber ich ging nicht zur Hl. Kommunion. Ich war innerlich zerrissen, und dieser Zustand dauerte bis zum Abend. Vor der Anbetungsstunde saß ich im Zimmer, in dem ich die Jugendlichen zum Gespräch empfing. Aber ich fühlte mich so müde, dass ich keine Lust hatte, mich überhaupt auch nur zu rühren. In meiner Seele war Nacht.

Komm zu mir, ich möchte dir etwas sagen.

Während der Anbetung in der Kapelle: Ich erinnere mich nicht mehr genau an die Worte, aber das, was ich hörte, war ein Ausdruck von sehr großer Liebe, von Verzeihung und Stärkung. Jesus nahm von mir den ganzen geistlichen Ballast, der mich erdrückt hatte. Ich schaute ihn nur an und horchte.

23.03.97

Nach dem Erwachen blickte ich auf Jesus am Kreuz, das über meinem Bett hing.

Hilf mir!

In der Kapelle vor dem Verlassen unseres Hauses:

Öffne dich für mich, für meine Worte.

Während der Hl. Messe war ich mir nicht sicher, ob ich nach all dem, was ich in den letzten zwei Tagen erlebt hatte, Jesus ehrlich sagen konnte, dass ich ihn liebe.

Sage mir nur, dass du mich liebst und fürchte dich nicht!

An der Pforte beantwortete ich Briefe.

Mache alles so, als ob es für mich selber wäre.

Ich wollte in einem bestimmten Moment Jesus noch einmal sagen, dass ich ihn liebe. Aber von neuem kehrte in mir die Unsicherheit zurück, ob diese Worte ihn wirklich erfreuen können.

Der hl. Petrus hat mir dreimal seine Liebe bekannt. Jedes Mal, wenn es dir dein Herz eingibt, dann sage mir, wie sehr du mich liebst.

Ich ging durch die Kapelle zur Küche, um mir einen Kaffe zu kochen.

Auch beim Kaffee kochen liebe mich!

Nach einer Weile:

Was immer du auch tust, liebe mich und sage es mir, wiederhole es jedes Mal.

Ich sagte Jesus, dass ich jetzt zu meiner Mitschwester gehen würde und ihn bei dem Gespräch lieben wolle. Mir kam der Gedanke, dass ich das nun nicht mehr zurückholen könnte, was gestern an Liebe gefehlt hatte, aber dafür will ich jetzt lieben.

Ich komme nicht mehr darauf zurück, was gestern war, sondern nehme das an, was du mir jetzt aus liebendem Herzen schenkst.

Ich fragte Jesus, was ich tun solle, um nicht den Frieden des Herzens und das innere Gleichgewicht zu verlieren, wenn unvorhergesehene Schwierigkeiten, verschiedenste Aufgaben, und eine Überfülle von Dingen, die es zu erledigen gilt, auf mich zukommen. Ich sagte ihm, dass ich immer wieder damit zu kämpfen hätte.

Das kommt davon, weil du, anstatt auf mich zu schauen, dich von mir abwendest. Ich sehe alles und kenne jede Angelegenheit. Vertraue wie ein Kind. Lebe für mich jetzt!

Ich sollte etwas später ins Krankenhaus zu einer Mitschwester fahren. Ich sagte Jesus, dass ich ihn jetzt auch liebe.

Du hast keine andere Aufgabe auf dieser Welt als jene, mich zu lieben.

Ich überlegte, ob denn alle die kleinen Dinge, die mein Leben erfüllen, wirklich für Jesus einen Wert haben und tatsächlich ein echter Ausdruck von Liebe zu IHM sein können.

Jede auch noch so kleine Sache, Tat oder Bewegung ist in meinen Augen

wertvoll, wenn sie aus einem liebenden Herzen hervorgeht.

24.03.97

Nach dem Aufwachen blickte ich auf Jesus am Kreuz. Ich fragte ihn, wie ich denn heute lieben solle.

Mache all das, was dein liebendes Herz dir eingibt.

Ich sagte ihm, dass ich auf das Hören eingestellt bin und auf diese Weise vieles von ihm aufnehme.

Hast du die Gespräche mit mir gern?

Ich sagte ihm „ja", und dass sie mir sehr helfen würden, mit ihm zu leben.

Du wirst noch mehr hören, aber dein Herz muss immer freier für mich werden.

Ich las im Zug (auf dem Weg zu meinen Eltern) ein Buch über den hl. Franz Xaver. Ich sagte Jesus, dass ich das für ihn tun und ihn dabei lieben wolle. Gleichzeitig dachte ich aber auch, dass das doch gar nichts ist im Vergleich zu dem, was andere für Jesus getan haben, z.B. in der Mission.

Ich habe dir schon gesagt, dass nichts „klein" ist, was du aus Liebe tust.

Ich sagte Jesus, dass Freude und Friede, die ich im Herzen trug, vielleicht nicht so ganz zu der Karwoche passen würden, aber dass ich trotzdem überaus dankbar dafür wäre.

Das ist meine Gabe, damit du jenen, denen du begegnest, besser dienen und ihnen meine Liebe schenken kannst.

Die Frau, die mit mir im Abteil saß, erzählte mir von ihrem glücklichen Familienleben und von ihrer Arbeit. Ich fragte Jesus, wie ich sie am besten lieben und ihr seine Liebe weiterschenken könne.

Höre ihr mit Aufmerksamkeit und Interesse zu, nimm Teil an ihrer Freude.

25.03.97

Ich betete die Laudes (Morgenlob des Breviers)

Bete das Brevier für mich! Liebe mich auch in dieser kleinen Sache. Bemühe dich, dass jede Kleinigkeit deines Lebens eine Freude für mich wird.

26.03.97

Ich bemühte mich, schon vom Beginn des Tages an, mit Jesus zu sein, aber erst später öffnete ich mich bewusst, um auf ihn zu horchen.

Wenn du bereit bist zu hören, dann vernimmst du auch leichter meine Stimme.

Ich danke dafür, dass ich so einfach mit Jesus in Kontakt kommen konnte, dass ich keinerlei Barrieren spürte – ganz im Unterschied zu den Beziehungen zu (so manchen) Leuten.

Je enger und einfacher deine Beziehung zu mir ist, umso leichter wirst du dich auch mit den anderen Menschen verständigen. Du wirst es schaffen, mit jedem Menschen Einheit herzustellen.

Ich hörte in meinem Herzen, dass ich die Notizen für Jesus schreiben solle. Auch mein Geistlicher Begleiter sagte mir das. Ich dachte, dass ich in diesem Fall doch noch mehr auf äußere Schönheit des Notizbuches achten sollte. Da kam in mir die Frage auf, ob dieser Gedanke wohl von Jesus käme.

Überlege nicht, ob ich dir etwas sage oder nicht. Wenn du spürst, dass das, was du im Herzen vernimmst, gut ist, dann bemühe dich, diesen Worten treu zu sein.

Im Zug bei der Rückkehr nach Swarzewo. Ich sah mir die Leute im Abteil an. Alle schwiegen und waren mit ihren eigenen Dingen beschäftigt.

Tauche sie in mein Blut ein - liebe sie!

Ich dachte an kleine Zeichen der Liebe in unscheinbaren Dingen.

Wenn du auch den Eindruck hast, dass das, was du tust, „nichts" ist, so sollst du dennoch wissen, dass ich daraus etwas Großes machen kann. Es ist nicht so wichtig, wie viel und was du tust – entscheidend ist, dass du dabei viel liebst.

Während der Lesehore des Breviers traf ich auf einen Text, der davon sprach, wie jemand nach dem Vorbild Jesu sein Leben aus Liebe für die Mitmenschen hingab. Ich dachte, dass mir doch noch viel fehlt, und dass ich ohne I h n überhaupt nicht fähig bin zu lieben.

Ich lehre dich, dein Leben aus Liebe hinzugeben, Tropfen für Tropfen, in den vielen kleinen Dingen. Ohne mich kannst du nicht lieben, aber zusammen mit mir kannst du alles! Gehen wir zusammen: Du auf mich gestützt - während ich dich führe.

27.03.97

In der Nacht nach dem Gründonnerstag. Ich dachte an Jesus, an seine Einsamkeit, an das was sein Herz empfand.

Ich sehne mich nach der Nähe deines Herzens. So viele Menschen bereiten sich jetzt auf die Feiertage vor. Aber wer

> **von ihnen denkt dabei wirklich an mich?! Ich möchte von dir getröstet werden.**

Ich wollte ganz und gar und in jedem Augenblick und in jeder Situation für Jesus ein Trost sein, aber ich war mir auch bewusst, wie schwach ich bin.

> **Sei meinem Herzen nahe und ich stärke dich durch mein Blut. Auf diese Art werden wir immer zusammen sein.**

Morgens:

> **Sprich mit mir!**

Ich hatte eine Kleinigkeit an der Pforte zu erledigen. Ich fing etwas nervös an.

> **Mache alles in Ruhe, eins nach dem anderen, für mich und mit mir.**

Etwas später

> **Bemühe dich heute, zu jedem besonders freundlich zu sein.**

Bei der Arbeit an der Pforte besuchte ich in den Pausen meine Mitschwestern und beobachtete mit Freude ihre geschickte Arbeit. Mit einer gewissen Unruhe wurde mir bewusst, dass ich alleine viele Arbeiten in der Küche nicht mehr machen könnte.

> **Aus eigener Kraft kannst du es nicht, aber du kannst alles in dem, der dich stark macht.**

28.03.97

Bei der Anbetung am frühen Morgen in der Kapelle, wo das Allerheiligste zum Gedenken an die Ölbergstunden aufbewahrt wurde:

> **Was du heute auch immer tun wirst und wo du auch immer sein wirst – dein Herz soll bei mir sein! Lass mich nicht allein, tröste mich!**

Einen Augenblick später.

> **Nimm jede schwierige Situation für mich an!**

Wegen eines bestimmten Ereignisses ging es mir innerlich nicht gut. Während der Anbetung:

> **Lese einen Abschnitt aus der Lesehore des Breviers.**

Mein Blick fiel auf eine Schilderung jener Szene, bei der Jesus das Herz durchbohrt wurde.

> **Das ist dein Platz! Bleibe immer fest an meiner Seite, an meinem Herzen! Hier sollst du Kraft und Licht schöpfen.**

Ich machte gerade eine für mich unklare Situation durch. Es tat mir sehr weh.

> **Liebe mich in der Ungewissheit und im Nicht-verstehen-können. Das ist eine Gelegenheit, mich zu trösten.**

Ich wusste nicht, wie ich mich in dieser Situation verhalten sollte. Darum fragte ich Jesus.

Mach nichts. Schaue nur auf mich und sei für mich da!

Zu Beginn der Karfreitagsliturgie wurde mir bewusst, dass für mich der schwerste Augenblick die Erfahrung der Einsamkeit und eine gewisse Verdemütigung war. Ich dachte mir, dass das ein Geschenk von Jesus für mich sein könnte, obwohl ich das Ganze kaum verstand.

Ja, das ist eine Einladung, an meinem Leiden teilzunehmen.

Diese Worte machten mir Freude und Mut, diese schwierigen Dinge anzunehmen. Ich dankte dafür.

Helfe jetzt den anderen, denen es auch nicht leicht geht.

Ich war mir bewusst, dass ich ein „Nichts" und sehr schwach bin. Darum nahm ich umso dankbarer seine Hilfe und Erklärungen an.

Mein Blut und mein Leiden ergänzen deine Mängel.

29.03.97

Nächtliche Anbetung beim Heiligen Grab. Meine Gedanken waren ein großes Durcheinander und nahmen immer wieder Reißaus. Ich wusste nicht was tun.

Wenn du den Rosenkranz oder die Litanei zum Kostbaren Blut mit einem liebenden Herzen beten würdest, dann wäre ich glücklich.

Nur mit Anstrengung schrieb ich diese Worte ins Notizbuch, wobei ich recht gemischte Gefühle hatte. Eine Weile hatte ich das Gefühl, dass alles sinnlos wäre, was ich hier mache.

Schenke mir diese Schwierigkeit.

Als ich begann, die Litanei zu Ehren seines Blutes zu beten:

Vielleicht erwarte ich einzig nur das.

Ich spürte den Mangel an Schlaf und dachte mir am Morgen, wie ich nur den Tag durchhalten solle.

Ich gebe dir die Kraft dazu!

In einem gewissen Augenblick erfuhr ich eine ganz große und herzliche Nähe von Jesus. Während der Anbetung dachte ich im Zusammenhang mit schwierigeren Ereignissen im Laufe des Tages an dieses Erlebnis.

Das ist meine Gnade, die ich dir schenke, um dich zu stärken.

Etwas später:

Auch Schwierigkeiten im geistlichen Leben sind meine Gnade. Wenn du etwas tust und meine Gegenwart dabei nicht spürst und nicht an mich denkst, dienst

du mir ebenfalls. Ich schaue in die Tiefe deines Herzens. Dort wirke ich und kenne dich besser als du selber.

Ich dachte, dass alles, was Jesus mir sagte, so kostbar ist, dass ich jeden Tag in dieser Weise leben möchte. Aber ich weiß, dass das nicht möglich ist schon im Hinblick auf meine Schwächen und Begrenzungen.

Es genügt, dass du dir Mühe gibst, dem treu zu sein, was du heute und jetzt vernimmst. Auf diese Art lehre ich dich zu lieben.

Ich fragte Jesus, was ich tun solle, um ihn wirklich zu lieben, besonders in jenen Augenblicken, wenn ich mit den Gedanken wo anders bin und nicht an seine Gegenwart denke.

Wenn du dich mir in jedem Augenblick aufopfern willst, dann schenke mir ebenfalls das, was du jetzt gerade zu tun hast, indem du es aus Liebe machst - auch wenn du noch gar nicht weißt, wie deine Aufgaben genau aussehen werden. Ich erinnere mich an deine Worte und nehme diese Gabe an, auch wenn du später selber nicht mehr daran denkst.

Ich dachte mir, da ich heute schon so viel in meinem Herzen vernommen habe, da könnte ich doch meine Aufmerksamkeit etwas verringern.

Setze mir keine Grenzen! Dein Herz soll jeder Zeit bereit sein, meine Worte aufzunehmen.

Am Abend, kurz vor dem Beginn der Liturgie der Osternacht, ereignete sich etwas, was mich sehr schmerzte. Ich wusste nicht, was tun und wie darauf reagieren. Auch während der Hl. Messe konnte ich mich nicht beruhigen, obwohl ich versuchte, Gleichgewicht und Klarheit in Jesus wiederzufinden. Nach der Hl. Messe schaute ich ganz kraftlos auf Jesus in der Monstranz.

Gib mir deine Last ab. Ich habe Kraft, denn ich bin auferstanden! *(Ich hatte den Eindruck, dass er das mit einem Lächeln sagte.)*

Es ergab sich so, dass ich alleine für die Nacht in unser Haus zurückging. In verschiedener Hinsicht erlebte ich auch heute die Einsamkeit. Ich ging damit zu Jesus in unsere Kapelle. In meinem Herzen vernahm ich weiterhin eine frohe Stimme.

Wir sind zusammen und das genügt. Ich verstehe dich gut und du verstehst mich immer besser, auch in meiner Einsamkeit.

Nach einer Weile:

Du hast dich mir anvertraut und die Erlaubnis gegeben, dass ich selber über dein Leben entscheide.

Veröffentlichungen der Missionarinnen vom Kostbaren Blut:

Winfried Wermter
Heilung durch das Blut Christi

Heilung, Befreiung und Versöhnung sind zwar unterschiedliche Dinge, aber sie gehören in einem einzigen Heilungsprozess zusammen. Die Spiritualität des Blutes Jesu Christi ist dabei eine machtvolle Hilfe.
Das vorliegende Buch entstand als Vor- und Nachbereitung eines Vortrags, für die in Reisbach geplanten Exerzitien: „Jesus Christus heilt Wunden und vergibt die Schuld" (04.-08.02.2005).
ISBN 3-938564-02-4; 72 Seiten

Winfried Wermter
Wer liebt atmet Gott
Gedichte im Angesicht der Ewigkeit;

Wenn wir uns "im Angesicht der Ewigkeit" bewegen, versagt oft unsere Alltagssprache. Die Poesie reicht noch weiter und spricht immer wieder den Menschen an, besonders (im Herzen) junge.
Die hier gesammelten meditativen Texte und Gedichte sind nach Themenkreisen geordnet. Sie eignen sich besonders zur eigenen Vertiefung des Glaubens, aber auch als Impulse für gemeinsames Beten und Feiern.
ISBN 83-7256-851-0; 206 Seiten

Kleiner Ratgeber:
1. Heilige Schrift – Quelle des Lebens für alle
2. Kehrt um, und glaubt an das Evangelium (Beichte)
3. Esoterik – eine Quelle für Heilung und Heil?
8. Kennst du deinen Engel?
9. Glaubst du an den Teufel?

Winfried Wermter
Den Kelch des Heiles will ich erheben

Über das Blut Christi im Leben des Christen

Ein geeignetes Büchlein, um die Spiritualität des Kostbaren Blutes näher kennenzulernen. Die traditionellen 7 Blutvergießungen Jesu helfen mit, in die Liebe Gottes einzudringen. So wird die Verehrung des Blutes Christi eine echte Schule der Liebe.
ISBN 83-7256-928-6; 134 Seiten

Winfried Wermter
Eucharistie
feiern – leben – sein

Es genügt nicht, Eucharistie zu verstehen, zu feiern, zu erleben ... es kommt darauf an, die Eucharistie ins Leben herüberzuholen – Eucharistie zu s e i n . Dazu kann das vorliegende Büchlein eine echte Hilfe sein. Es kommt aus der Praxis und will zu ihr zurück!
ISBN 3-938564-01-06; 96 Seiten

Zu bestellen bei:

Missionarinnen vom Kostbaren Blut e.V.
Wittelsbacherstr. 2
D - 80469 München
e-mail: Missionarinnen@aol.com
www.kostbares-blut.de

Inhaltsverzeichnis

Vom Herausgeber 7

Zeugnis der Autorin 9

Schenke mir dein Vertrauen **11**

Ich brauche deine Liebe **21**

Deine Berufung ist es, mich zu lieben **39**

Mein Blut reinigt dich **61**

Heute machen wir alles zusammen. **65**

Was willst du mir heute schenken? **80**

Jesus leben im gegenwärtigen Augenblick
95

Inhaltsverzeichnis 120

Beichthilfe
für Erwachsene

Mein Gott und Vater! Du liebst mich mit ewiger Liebe und hast mich voll Erbarmen an Dich gezogen. Du hast mich in der Taufe geheiligt und zu Deinem Kinde gemacht und willst mich in Dein himmlisches Reich führen. Aber noch bin ich auf der Wanderschaft. Aus dem Staub des Alltags trete ich jetzt vor Dein heiliges Angesicht. In tiefer Beschämung erkenne ich meinen Undank gegen Deine Güte. Wieder bin ich in Sünden gefallen und muß nun zu Deiner Barmherzigkeit meine Zuflucht nehmen. Aus der Tiefe meines Herzens rufe ich zu Dir, o Gott: verstoße nicht Dein Kind, das zu Dir, dem Vater, flüchtet! Du willst ja nicht den Tod des Sünders, sondern daß er sich bekehre und lebe. So verleihe mir denn die Gnade, daß ich in Wahrheit Buße tue und mich wieder zu Dir bekehre. Sende mir Deinen Heiligen Geist, daß Er mir meine Schuld zeige und mich zu wahrer Einsicht und innerer Umkehr führe. Gib, daß ich mich von allem Bösen lossage, Deine verzeihende Liebe erfahre und mit neuem Mute auf Deinen Wegen wandle. Durch Christus, unsern Herrn. Amen.

Gewissenserforschung

Prüfe dein Verhalten gegen Gott, gegen deinen Nächsten und gegen dich selbst. Achte dabei besonders auf deine Standespflichten und auf die Liebe zum Nächsten, die das Kennzeichen des Christen ist: „Daran sollen alle erkennen, daß ihr Meine Jünger seid, daß ihr einander liebet" (Jo. 13, 35). Vergiß auch nicht deine Unterlassungen! Vielleicht hast du manchmal mehr durch Unterlassungen als durch Taten gesündigt! Besser als eine vollständige Aufzählung aller läßlichen Sünden ist es, wenn du die wichtigeren herausgreifst und auf ihre Wurzeln achtest, auf die verkehrten Gesinnungen und Haltungen, aus denen deine Fehler erwachsen. Bei schweren

Sünden besinne dich auch, wie oft du sie begangen hast. Ab und zu schärfe dein Gewissen an dem folgenden

Beichtspiegel

Vorfragen: Wann war meine letzte Beicht? War sie gültig? Wenn ich in der Beicht etwas versprechen mußte (z. B. eine Feindschaft, eine Gelegenheit, ein Verhältnis aufzugeben oder einen Schaden wieder gutzumachen), habe ich es gehalten?

I. Dein Verhalten gegen Gott

Du sollst den Herrn, deinen Gott, lieben aus deinem ganzen Herzen!

1. Gebot: *Ich bin der Herr, dein Gott. Du sollst keine fremden Götter neben mir haben!*

Wie steht es mit meinem *Glauben*? Bin ich im Glauben lau und gleichgültig gewesen? Habe ich am Glauben freiwillig gezweifelt? Den Glauben verleugnet? Habe ich Reden gegen den Glauben oder die Kirche geführt? Oder solche gern angehört? Dazu geschwiegen? Schriften gegen den Glauben oder die Kirche gelesen? Anderen gegeben? Bin ich glaubensfeindlichen Vereinigungen beigetreten? Vom Glauben abgefallen (aus der Kirche ausgetreten)? Habe ich abergläubische Dinge geglaubt oder getan?

Wie steht es mit meiner *Hoffnung* auf Gott? Habe ich das Gottvertrauen verloren? Bin ich in Leiden und Prüfungen kleinmütig und verzagt gewesen? Habe ich an Gottes Vorsehung gezweifelt? Mich gegen Seine Fügungen aufgelehnt? Habe ich an Gottes Barmherzigkeit gezweifelt? Oder gesündigt mit dem Gedanken: ich kann es ja wieder beichten?

Wie steht es mit meiner *Liebe* zu Gott? Habe ich Abneigung oder Verbitterung gegen Gott oder die Kirche in mir genährt? Bin ich Gott möglichst aus dem Wege gegangen und wollte nichts mit Ihm zu tun haben?

Wie steht es mit meinem *Beten*? Habe ich mir im Gebet keine Mühe gegeben? Das Beten längere Zeit unterlassen? Habe ich ein Sakrament unwürdig empfangen?

2. Gebot: *Du sollst den Namen des Herrn deines Gottes, nicht vergeblich führen!*

Habe ich heilige Namen ehrfurchtslos ausgesprochen? Geflucht? Habe ich Gott gelästert? Über Gott oder Heiliges gespottet? Habe ich falsch geschworen? Einen Schwur gebrochen? Ein Gelübde nicht gehalten?

3. Gebot: *Gedenke, daß du den Sabbat heiligst!*

Habe ich an Sonn- und Feiertagen die heilige Messe aus eigener Schuld versäumt? Habe ich nur äußerlich daran teilgenommen? Bin ich zu spät gekommen? Zu früh weggegangen? Bin ich in der Kirche ehrfurchtslos gewesen? Habe ich die Predigt (Christenlehre) vernachlässigt? Habe ich Sonn- und Feiertage durch unnötige knechtliche Arbeit entweiht? Oder durch sündhafte Vergnügungen?

II. Dein Verhalten gegen den Nächsten.
Du sollst deinen *Nächsten* lieben!

4. Gebot: *Du sollst Vater und Mutter ehren!*

Habe ich die Ehrfurcht gegen die *Eltern* verletzt? War ich gegen sie lieblos, grob, undankbar, ungehorsam? Habe ich ihnen Böses gewünscht? Sie hart behandelt? Sie ungenügend unterstützt?

Habe ich meine *Kinder* vernachlässigt? Habe ich mich zu wenig um ihre Seele gekümmert, um ihr Beten? War ich grob mit ihnen oder allzu nachsichtig? Habe ich zu wenig auf ihren Verkehr, ihre Freundschaften, ihre Lektüre, ihren Kinobesuch geachtet? Unerlaubte Bekanntschaften geduldet? Ihnen durch schlechtes Beispiel oder durch Reden gegen Glaube und gute Sitten geschadet?

Habe ich meine *Vorgesetzten* verachtet? Gegen sie gehetzt? War ich ungehorsam, widerspenstig? Bin ich verschwenderisch oder unehrlich mit ihrem Eigentum umgegangen? Habe ich die schuldige Ehrfurcht gegen kirchliche oder staatliche Obrigkeit verletzt? Sie ungerecht getadelt und geschimpft? Gerechte Gesetze übertreten? Welche?

War ich gegen meine *Untergebenen*, Arbeiter, Dienstboten ungerecht, launenhaft, lieblos, hart? Habe ich von ihnen zuviel verlangt? Sie schlecht bezahlt? Mich um ihre Seelen nicht gekümmert?

5. Gebot: *Du sollst nicht töten!*

War ich gegen andere lieblos? Im Denken, Reden, Verhalten? War ich unverträglich? Rücksichtslos? Gehässig, feindselig, unversöhnlich? Habe ich andere beleidigt, herabgesetzt, mißhandelt? Ihnen Böses gewünscht? Lebe ich in einer Feindschaft? Habe ich Zwietracht gestiftet, den Haß und die Feindschaft anderer geschürt? Habe ich anderen Böses zugefügt, ihnen an Leben und Gesundheit geschadet? Vielleicht durch Kränkung und harte Behandlung? Habe ich werdendes Leben vernichtet oder vernichten wollen? Habe ich ein Menschenleben auf dem Gewissen? Oder eine Menschenseele? Durch Verführung, schlechtes Beispiel? Durch Anraten oder Dulden des Bösen? Bin ich achtlos an fremder Not vorübergegangen? War ich hart und unbarmherzig? Habe ich Tiere gequält? – Prüfe vor allem dein Verhalten gegen deine **Allernächsten,** gegen den Ehegatten, die Angehörigen, die Nachbarn!

6. Gebot: ***Du sollst nicht Unkeuschheit treiben!***

Habe ich gesündigt durch unkeusche Gedanken, Begierden, Blicke, Berührungen, Reden? Durch wohlgefälliges Anhören solcher Reden? Habe ich Unkeusches getan? Allein? Mit anderen? An mir tun lassen? Habe ich die Keuschheit bei mir oder bei andern gefährdet (durch schlechte Schriften, Bilder, Filme, Gesellschaften, durch schamlose Kleidung und Tänze, durch Rauschmittel)? Habe ich die Ehe mißbraucht? Die Ehe gebrochen? Lebe ich in einem sündhaften Verhältnis? Habe ich andere verführt oder verführen wollen? Die Gelegenheit nicht gemieden, sie aufgesucht?

7. Gebot: ***Du sollst nicht stehlen!***

Habe ich gestohlen? Oder stehlen wollen? Was, wieviel? Habe ich betrogen? Durch falsches Maß oder Gewicht? Unterschlagen überfordert, gewuchert? Habe ich andere geschädigt, ausgebeutet? Durch übermäßige Preise, schlechte Ware, schlechte Arbeit, schlechte Leistung, schlechten Lohn? Habe ich Schulden nicht bezahlt? Habe ich Gefundenes oder Entlehntes behalten? Besitze ich sonst unrechtes Gut? Habe ich angerichteten Schaden noch nicht gutgemacht? Habe ich mein Eigentum verschwendet? Zur Sünde mißbraucht? Habe ich den Notleidenden nicht nach Kräften geholfen? Soziale Verpflichtungen nicht erfüllt?

8. Gebot: ***Du sollst kein falsches Zeugnis geben!***

Habe ich gelogen? In wichtigen Dingen? Zum Schaden anderer? Habe ich von anderen ohne Grund Böses gedacht? Ihre Fehler unnötig weitergesagt? Habe ich andere verleumdet? Beschimpft? Habe ich durch Schwätzereien Unfrieden gestiftet? Solche Schwätzereien gern angehört? War ich unaufrichtig, wortbrüchig? Habe ich anvertraute Geheimnisse verraten? Habe ich angerichteten Schaden an Ehre und gutem Namen des Nächsten noch nicht gutgemacht? Eine Verleumdung noch nicht widerrufen?

III. Dein Verhalten gegen dich selbst
Du sollst deinen Nächsten lieben *wie dich selbst!*

9. Gebot: *Du sollst nicht begehren deines Nächsten Weib!*

10. Gebot: *Du sollst nicht begehren deines Nächsten Gut!*

Diese zwei Gebote verlangen Beherrschung nicht nur des äußeren Verhaltens, sondern schon des inneren Begehrens. Hier prüfe deine innersten Gesinnungen und Absichten. Sieh zu, aus welchen bösen Neigungen (Hauptsünden) deine Sünden erwachsen, und arbeite an ihrer Überwindung durch die entgegengesetzten Tugenden. Welches ist *deine* Hauptsünde?

1. *Stolz:* war ich hochmütig, hoffärtig, ehrsüchtig unbescheiden, herrschsüchtig? Habe ich andere verachtet?

2. *Geiz:* war ich habsüchtig, geizig, hart gegen Bedürftige?

3. *Unkeuschheit:* habe ich mich nicht entschieden gewehrt gegen die unkeuschen Neigungen? Mit den Versuchungen gespielt?

4. *Neid:* war ich mißgünstig, neidisch, eifersüchtig, schadenfroh?

5. *Unmäßigkeit:* habe ich nicht Maß gehalten im Essen,

Trinken, Rauchen, Vergnügen, Kinobesuch, Lesen (Schund), Tanz (auch in der Advents und Fastenzeit)? Mag ich mir nichts versagen? Habe ich das Freitags- und Fastengebot der Kirche übertreten? Bin ich genußsüchtig?

6. *Zorn:* habe ich dem Zorn die Zügel schießen lassen? War ich jähzornig, rachsüchtig, unbeherrscht, händelsüchtig, gewalttätig?

7. *Trägheit:* war ich bequem und nachlässig in der Arbeit, in den Berufspflichten? Wollte ich nichts wissen vom Gebet, vom religiösen Leben und von religiöser Weiterbildung? Habe ich die Arbeit an mir selbst (Selbsterziehung, Selbstüberwindung, Selbstverleugnung) gescheut? War ich ungeduldig im Kreuztragen?

Zum Schluß frage dich: Wo fehlt es bei mir am meisten? Wo ist meine schwache Seite? Wo muß es bei mir anders werden?

Reue und Vorsatz

1. Barmherziger Vater! Mit dem verlorenen Sohne werfe ich mich vor Dir nieder und bekenne Dir all die vielen Sünden, womit ich Dich bis auf diese Stunde beleidigt habe. Vater, ich habe gesündigt vor dem Himmel und vor Dir und bin nicht mehr wert, Dein Kind zu heißen. Ich darf es nicht wagen meine Augen zu Dir zu erheben; ich kann nur an mein sündiges Herz klopfen und flehen: Gott, sei mir armem Sünder gnädig! So oft habe ich Dein Gebot übertreten und bin undankbar gegen Dich gewesen. Ich weiß, ich hätte es verdient, daß die Strenge Deines Gerichtes über mich erginge. Aber siehe, ich vertraue auf Deine unendliche Liebe, die mich retten will. Du bist barmherzig, das ist mein Trost; Du willst

den Tod des Sünders, sondern daß er sich bekehre und lebe. Ein zerknirschtes und gedemütigtes Herz verschmähst Du nicht.

So bitte ich Dich denn: verstoße mich nicht von Deinem Angesichte. Ich liebe Dich ja, o mein höchstes Gut, und es reut mich so bitter, daß ich Deine Liebe beleidigt und Dein Gericht so wenig gefürchtet habe. So oft schon habe ich versprochen, daß ich Dir dienen und treu bleiben wolle, und doch habe ich wieder Böses getan. O sei mir gnädig um des kostbaren Blutes Jesu Christi willen! Zeige an mir die Größe Deiner Erbarmung und sprich zu meiner Seele das trostreiche Wort: Deine Sünden sind dir vergeben! Ich bin bereit, zu büßen und nach Kräften Genugtuung zu leisten. Ich bin auch fest entschlossen, mir wahrhaft Mühe zu geben, diese Sünde... zu meiden und in Deiner Liebe zu verharren. Ich weiß freilich, wie arm und schwach ich bin. Hilf mir Du durch Deine Gnade! Dein Heiliger Geist möge mich leiten und führen zu einem neuen Leben nach Deinem heiligen Willen. Das verleihe mir, o gütiger Vater, durch Deinen Sohn Jesus Christus, unsern Herrn. Amen.

2. O Jesus, Du hast einst den Petrus mit einem Blick Deiner barmherzigen Augen bekehrt: wirf auch auf mich einen Blick der Gnade, damit ich umgewandelt und in Deinem kostbaren Blute von meinen Sünden gereinigt werde. Ach, daß ich Dich, meinen liebreichen Erlöser, so oft beleidigt habe! Um der Liebe Deines heiligsten Herzens willen bitte und beschwöre ich Dich, Du wollest mir verzeihen und mich in Gnaden aufnehmen. Handle an mir nicht nach meiner Bosheit, sondern nach Deiner unendlichen Güte und laß mich bei Dir Frieden und Versöhnung finden. Ich sage mich los von aller

Sünde und will Dir mit neuem Mute in treuer Liebe dienen. O Jesus, sei mir armem Sünder gnädig und barmherzig! Amen.

Zur Abwechslung und zur Vertiefung der Reue benütze folgende schöne Bußgebete:

Ps. 50 Erbarm Dich meiner S. 150; Ps. 129 Zu Dir erheb ich S. 152; Ps. 41 Gleich wie der Hirsch S. 455; O Haupt voll Blut und Wunden S. 158; Tu auf, tu auf S. 146; Jesus ruft dir, o Sünder mein S. 148; Die offene Schuld S. 313.

Im Beichtstuhl

Beginne mit den Worten: „In Demut und Reue bekenne ich meine Sünden. Meine letzte Beicht war vor...... «
Bekenne aufrichtig! Bei schweren Sünden gib die Zahl oder die Häufigkeit (wöchentlich, täglich) an, sowie etwaige wichtige Umstände. Schließe mit dem Gebet:
„Gott, sei mir armem Sünder gnädig!" Höre auf die Mahnung des Beichtvaters! Hast du die auferlegte Buße verstanden so antworte: „Danke." Vernimm voll Vertrauen und Freude das Gnadenwort: „Ego te absolvo – Ich spreche dich los von deinen Sünden im Namen des Vaters und des Sohnes und des Heiligen Geistes. Amen." Wenn der Priester dich mit dem Gruß „Gelobt sei Jesus Christus" entläßt, antworte dankbar: „In Ewigkeit. Amen."

Nach der Beicht

Preis und Dank sei Dir, o Gott der Güte und Barmherzigkeit, daß Du mich wieder in Gnaden angenommen und mir die Last der Sünden abgenommen hast. O mein Gott, wie gut bist Du! Du bist die ewige Liebe, und ich bin viel zu arm, um Dir genug zu danken. Aber siehe, von diesem Augenblick an will ich

Dich lieben aus ganzem Herzen und aus ganzer Seele. Ich will aus allen Kräften durch kindlichen (Gehorsam gegen Dich gutzumachen suchen, was ich bisher gefehlt und versäumt habe.

Du siehst in mein Herz, o Gott, und weißt, daß es mir Ernst ist. Du weißt aber auch, wie schwach und armselig ich bin und wie ich ohne Dich nichts vermag. O mein Gott, ertrage mich noch! Habe Geduld mit mir, trotz meines harten, verkehrten, undankbaren Wesens. Ich komme nur langsam voran, aber ich suche doch wenigstens den Himmel oder verlange ihn zu suchen. Ich möchte Dich doch lieben, ein so armer Sünder ich auch bin das Heil meiner Seele liegt mir am Herzen. So gib mir Zeit und erbarme Dich meiner, öffne mir Deine gnadenreiche Hand und Dein gütiges Herz! Ich will ernstlich die Nachlässigkeit und Lauheit von mir abtun, will mit dieser Sünde ... brechen, will mich aufraffen, voll Vertrauen zu wandeln in Deinem Licht. Komm mir entgegen mit Deiner Gnade, stärke mich Schwachen! Laß mich nie das Wort vergessen, das Dein lieber Sohn zu dem geheilten Kranken sprach: „Siehe, du bist nun gesund geworden. Sündige jetzt nicht mehr, damit dir nicht Schlimmeres widerfahre." Gib mir die Gnade der Beharrlichkeit, damit ich von nun an Dir in treuem Eifer diene. Dies erflehe ich von Dir durch Christus, unsern Herrn. Amen.

Verrichte nun möglichst bald die auferlegte Buße. Erneuere deinen Vorsatz und überlege, ob du nicht freiwillig noch mehr Buße tun willst durch Gebet und Werke der Liebe.